INNOVATE

DEVELOP

FUTURE

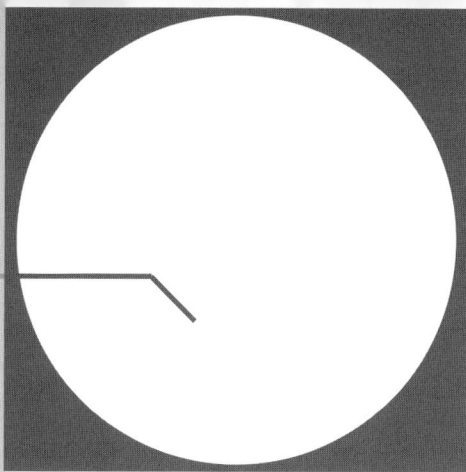

创新驱动发展
数字赋能未来

—— 中国数字经济发展的实践

◎ 数字经济促进高质量发展联合课题组　编著

东北财经大学出版社　大连

Dongbei University of Finance & Economics Press

图书在版编目（CIP）数据

创新驱动发展　数字赋能未来：中国数字经济发展的实践 ／ 数字经济促进高质量发展联合
课题组编著.—大连：东北财经大学出版社，2022.6
ISBN 978-7-5654-4473-9

Ⅰ．创…　Ⅱ．数…　Ⅲ．信息经济-经济发展-研究-中国　Ⅳ．F492

中国版本图书馆CIP数据核字（2022）第036475号

东北财经大学出版社出版发行

　　大连市黑石礁尖山街217号　　邮政编码　116025
　　网　　　址：http：//www．dufep．cn
　　读者信箱：dufep @ dufe．edu．cn
大连图腾彩色印刷有限公司印刷

幅面尺寸：170mm×240mm　　字数：156千字　　印张：11.75
2022年6月第1版　　　　　　2022年6月第1次印刷
责任编辑：李　季　刘慧美　刘东威　　责任校对：张晓鹏　石建华
封面设计：原　皓　　　　　　　　　　版式设计：原　皓
定价：46.00元

数字经济促进高质量发展联合课题组

组长

刘宇南　国家信息中心主任

副组长

周　民　国家信息中心副主任

张学颖　国家信息中心副主任

执行副组长

于施洋　国家信息中心大数据发展部主任

肖秀莉　国家信息中心综合管理部主任

主要成员（按姓氏笔画排序）

王明健　王建冬　王璟璇　毕　超　朱劲杰　刘　晔　李　娜

李陶亚　杨　帆　汪小平　张晓雪　刘雪刚　陈　东　陈　革

陈　强　罗生红　罗　鹏　金　燕　周毅仁　郑　磊　赵　东

徐　航　郭明军　展钰堡　黄柯成　黄倩倩　崔永庆　崔佳佳

童楠楠　曾　途　蔡城城　魏　颖

前　言

　　"数字经济"概念于20世纪90年代首次提出，1995年，加拿大著名经济学家唐·塔普斯科特（Don Tapscott）等出版了一本名为《数字经济》的著作，他也因此被誉为"数字经济之父"。近年来，随着云计算、大数据、移动互联网、物联网、人工智能、区块链等新技术飞速发展，数字经济正在经历高速增长，并被广泛应用到其他领域中，是全球经济增长日益重要的驱动力。2017年7月，习近平总书记在二十国集团领导人汉堡峰会上指出："研究表明，全球95%的工商业同互联网密切相关，世界经济正在向数字化转型。"以数据资源为重要生产要素，以全要素数字化战略转型为重要推动力的数字经济正在成为全球经济发展的重要引擎，并对世界经济发展、社会进步和人民生活产生极其深远的影响。

　　"推动互联网、大数据、人工智能和实体经济深度融合""着力加快建设实体经济、科技创新、现代金融、人力资源协同发展的产业体系"是党的十九大为经济社会发展指明的方向，意味着数字经济的"红利"大规模产生的时代已经到来。2019年10月，十九届四中全会又进一步提出将数据增列为一种新的生产要素，建立由市场评价贡献、按贡献决定报酬的机制，标志着数据生产要素将从经济社会建设的初始投入阶段向经济产出与社会分配的更高阶段发展，数据要素在推动经济社会转型、联动其他生产要素方面的战略作用日益凸显。

为了贯彻落实习近平总书记关于数字中国、大数据发展战略等一系列重要论述精神，2018年4月20日，国家信息中心整合国内外资源，汇聚产学研各界优势，发起成立了数字中国研究院，共同打造数字中国领域最权威、最高端、最前沿的综合性智库平台。本书是由国家信息中心数字中国研究院发起，联合华为、浪潮、国家电网、成都数联铭品（BBD）、全拓数据、金山云、数梦工场等单位，共同组建"数字经济促进高质量发展联合课题组"形成的阶段性研究成果。

本书根据数据要素在不同层面对技术、人才等其他创新要素的协同联动机理构建了数据要素与其他要素联动的三层次模型，在此基础上试图归纳总结国内数字产业化、产业数字化和全要素数字化三个层面的典型案例，并对部分区域的发展特色与经验进行梳理总结，力求为不同行业、不同区域推进数字经济建设提供借鉴和参考。

数字经济促进高质量发展联合课题组
2022年1月

目　录

第1章 概述

当前，全球数字经济蓬勃发展，规模不断扩大。中国信息通信研究院发布的《G20国家数字经济发展研究报告（2018年）》显示，2017年 G20 国家数字经济总量达 26.17 万亿美元，增长率高达 8.64%。美国数字经济总量蝉联首位，总量达 11.50 万亿美元，中国数字经济规模居第 2 位，总量达 4.02 万亿美元，日本、德国的数字经济规模均突破 2 万亿美元，数字经济成为世界各国经济发展和增长的新动能。

我国幅员辽阔、人口众多、经济体量庞大，经济社会运行各方面产生的数据规模、复杂程度和潜在价值巨大。据统计，目前我国 4G 用户在全球占比超过 40%，光纤宽带用户在全球占比超过 60%，蜂窝物联网 M2M 连接数在全球占比近 45%，截止到 2020 年年底，5G 用户数量在全球占比 70% 以上。2020 年 9 月发布的第 46 次《中国互联网发展状况统计报告》显示："截至 2020 年 6 月，我国网民规模达 9.4 亿人，互联网普及率达 67%，庞大的网民构成了中国蓬勃发展的消费市场，也为数字经济发展打下了坚实的用户基础。"我国庞大的网民群体使得数据资源产生的速度和规模在全球保持着明显优势，据国际数据公司（IDC）统计，到 2020 年，我国拥有的数据总量在全球占比达到 21%，成为仅次于美国的全球第二大数据增长极。如何有效共享和利用散落在全社会各处的数据资源，推动数字技术与实体经济深度融合，加快释放"数字红利"，推动新旧动能转换和高质量发展，已经成为关乎党和国家前途命运的一件大事。

现阶段，在国内生产总值（以下简称"GDP"）接近100万亿元大关、人均GDP超过1万美元的宏观背景下，从中央到地方都高度重视数字经济的发展，各地区在以创新思维为引领、以新技术应用为依托，推动数字经济与实体经济深度融合方面取得了显著成效，互联网、大数据、人工智能等数字技术的产业化进程不断推进，区域性数字经济开始成型，中国城市数字经济发展主浪潮已来临。

但另一方面，我国数字经济发展仍面临发展水平不均衡、数字基础设施不同、区域差距较大、政府数字化治理水平有待提升、网络和信息安全面临威胁等问题，未来我国数字经济发展仍存在较大空间。

1.1 数字经济发展背景和现状

当前，全球数字经济蓬勃发展，规模不断扩大。据课题组统计，习近平总书记先后30余次在公开场合倡议推动全球数字经济发展。自2017年起，数字经济已连续4年写入国务院《政府工作报告》。党的十九大报告正式提出建设数字中国的战略构想，要求全力推动互联网、大数据、人工智能和实体经济深度融合，并指出"我国经济已由高速增长阶段转向高质量发展阶段"，2019年12月中央经济工作会议的重点任务中也明确要"着力推动高质量发展，大力发展数字经济"。2020年《政府工作报告》再次提出要继续出台支持政策，全面推进"互联网+"，打造数字经济新优势。在GDP接近100万亿元大关、人均GDP超过1万美元的宏观背景下，中国经济已经逐步进入新的转型期，并将继续承压，而数字经济是我国经济发展提质增效、转型升级的重要着力点，是推动我国经济高质量发展的新动能和新引擎，是未来产业结构调整升级的关键因素和重要驱动力。

1.1.1 新时代数字经济正成为驱动增长和吸纳就业的新引擎

华为研究报告显示,到2025年,每增加1美元对信息与通信技术(以下简称"ICT")的投资,将额外获得5美元的GDP增长,届时对信息与通信技术的投资有望拉动全球GDP累加实现17.5万亿美元的额外增长。在全球经济数字化转型的大背景下,发展数字经济的意义和影响范围已经远远超出传统意义上的信息化发展本身,其对国民经济各部门产生了十分广泛的辐射带动效应,对提高我国经济效率、促进经济结构加速转变、培育壮大高质量发展新动能具有强大的驱动作用。近年来,中国数字经济已取得一系列喜人成果。

(1)数字经济总量持续扩张。中国信息通信研究院(以下简称"信通院")发布的《中国数字经济发展与就业白皮书(2020年)》显示,2019年我国数字经济总量达到35.8万亿元,占GDP的比重达到36.2%,占比同比提升1.4个百分点;数字经济发展对GDP增长的贡献率达到67.7%,超越三次产业对经济增长的贡献,成为驱动我国经济增长的核心力量。

(2)数字产业化规模不断扩大。根据信通院《中国数字经济发展与就业白皮书(2019年)》,2018年中国数字产业化规模达到6.4万亿元,占GDP的比重为7.1%。其中,软件和信息技术服务业、互联网行业增长较快,收入同比分别增长14.2%和20.3%。

(3)产业数字化持续推进且主导地位不断巩固。2018年我国产业数字化规模超过24.9万亿元,同比名义增长23.1%,占数字经济的比重由2005年的49%提升至79.5%,占GDP的比重由2005年的7%提升至27.6%,产业数字化部分对数字经济增长的贡献度高达86.4%。在数字经济中,产业数字化部分占比高于数字产业化部分占比,表明我国数字技术、数字产品、数字服务正在加速向各行各业融合渗透,对其他产业产出增长和效率提升的拉动作用不断增强。第一财经商业数据中心《2020中国产业带数字化发展报告》显示，数字化的产业集群正在加速形成。根据淘宝 C2M 事业部的数据，全国形成了 145 个数字化产业带，其中 13 个产业带在淘宝上的年销售额超过 10 亿元。全国十大产业带分属广东、浙江、福建三省份，分别有 5 个、4 个和 1 个。区域数字经济实践案例不断涌现，如北京、浙江等地的计算机、通信和其他电子设备制造业，江苏、重庆等地的汽车制造业，广东等地的化学原料和化学产品制造业，为我国各地发展数字经济提供了有益思路。从细分行业来看，腾讯研究院发布的《数字中国指数报告（2019）》显示，医疗、餐饮、金融和教育快速发展，2018 年产业指数规模增幅超过 200%。零售和文娱由于其数字化水平已经进入常态化，发展速度较为温和。

（4）数字经济吸纳就业能力持续提升。腾讯研究院《2017 中国互联网+数字经济》报告显示，中国数字经济在 2016 年大致带来 280 万个新增就业岗位。信通院发布的《中国数字经济发展与就业白皮书（2019 年）》显示，2018 年我国数字经济领域就业岗位为 1.91 亿个，占当年总就业人数的 24.6%，同比增长 11.5%，显著高于同期全国总就业规模增速。其中，第三产业劳动力数字化转型成为吸纳就业的主力军，第二产业劳动力数字化转型吸纳就业的潜力巨大。

（5）数字经济发展成果更加惠及人民群众。数字经济惠及民生领域的深度和广度不断拓展。在医疗领域，新型医疗服务模式不断涌现。例如，在抗击新冠肺炎疫情期间，医护短缺问题突出，消毒机器人能够解决真人消毒效率低下、人员人身安全难以保障等难题。调查显示，疫情期间市场对消毒机器人的订单需求已增长 7~8 倍，"机器+医护"新模式再提速。在教育方面，在线教育迎来快速发展机遇，并呈现出由在线职业教育向全日制在线教育延伸的显著特征。据不完全统计，在疫情期间，我国全日制在线教育平台新增数量超过 100 个。例如，广西面向中小学校搭建在线学习平台，借助网络为教师和学生建立教学和辅导的双向交流渠道，实现"停课不停学"。在就业方面，在线灵活工作模式加速突破。疫情导致了办公环境的隔离，雇员和雇主之间不一定捆绑在同一物理空间内，从而带来组织环境的脱离，形成用工方式的全新变革。研究显示，受疫情影响，2020年我国灵活用工市场规模增长23%以上。

1.1.2 全球主要发达国家数字经济发展战略启示

数字经济是世界创新和包容性增长的动力，已经成为世界主要发达国家政府的共识，而数字经济战略的制定往往使得这些国家在数字信息革命浪潮下占据国际制高点。在数字经济的不断驱动下，全球有28个国家制定了数字经济战略，它们分别是澳大利亚、比利时、加拿大、捷克、丹麦、爱沙尼亚、芬兰、法国、德国、希腊、爱尔兰、意大利、日本、韩国、卢森堡、墨西哥、荷兰、挪威、波兰、葡萄牙、斯洛伐克、斯洛文尼亚、西班牙、土耳其、英国、埃及、拉脱维亚和立陶宛。虽然一些国家并未制定整体数字经济战略，但数字经济内容被包含在国家宽带战略、电子政务战略、网络安全战略和国家创新战略之中。纵观当前全球主要发达国家推进数字经济发展的实践，可得到如下启示：

（1）加强顶层设计和政策制定。欧洲、美国、日本等发达国家和地区信息技术及相关产业的高速发展，离不开政府的政策引导和扶持。一方面，发达国家注重国家层面的顶层战略规划。早在2009年，英国政府就推出了"数字大不列颠"行动计划，以英国主导世界数字经济时代为目标，将ICT的发展视为应对金融和经济危机的关键，推动英国加快基础设施建设和ICT及产业的发展。为了规范实施"数字大不列颠"行动计划，英国政府于2010年4月颁布实施了《2010年数字经济法案》。该法案主要以保护数字内容的创意产业发展为目标，通过增强通信管制机构对数字经济的管理和监督，保护在线数字内容版权；加强对电视、广播、无线电通信、游戏、电子出版物的管理，实现对数字经济中的利益相关方权利的保护，促进以音乐、媒体、游戏为主的数字经济健康、快速、有序发展。澳大利亚政府为实现在全球数字经济中处于领导地位的目标，于2011年启动了国家数字经济战略（National Digital Economy Strategy，NDES），涉及宽带建设、在线教育、政府互联网教育等8项目标。日本政府于2009年7月制定了《2015年i-Japan战略》，主要是为了建立安全而又充满活力的数字化社会，实现信息技术的方便使用，突破数字技术使用的各种壁垒，确保信息安全，并通过数字技术和信息在社会经济中的渗透、扩散打造全新的日本。该战略主要由三部分组成，即促进电子政务、医疗保健和教育及人力资源三个领域的优先发展；促进产业和当地社会的复兴，并培育新产业；大力开展数字化基础设施建设。新加坡政府在2006年6月正式宣布启动"智慧国2015"（iN2015）计划。该计划为期10年，政府共计投资约40亿新元，通过信息通信的融合、创新和合作，利用无处不在的ICT将新加坡打造成为"一个智慧的国家，一个全球化的城市，资讯科技无处不在"。另一方面，各国政府在物联网、大数据、云计算、人工智能、网络安全等相关领域不断出台一系列战略和政策来引导企业的数字化转型。各国竞相为企业数字化转型提供动力支撑和制度保障，全力抢占经济增长新高点。早在20世纪60年代，美国政府就资助了互联网和深度学习（人工智能的基础）两项技术的研发。近年来，美国政府围绕人工智能举办了多场专题研讨会，出台了一系列研究报告和战略，指明人工智能未来的发展方向及政策建议，继续引领人工智能领域的发展。在云计算领域，美国联邦信息委员会推出的《联邦政府云计算发展计划》是全球最早的政府云计算计划之一。2016年7月，欧盟委员会出台《产业数字化新规划》，通过大规模试点项目来加快物联网、先进制造业及相关技术的发展，普及相关法律，帮助欧洲的企业利用新技术。新加坡则未雨绸缪，开展前瞻性研究，预防人工智能带来的负面影响。人工智能技术"无论远近、无处不在"的特点，带来了新的道德伦理挑战，削弱了个人隐私保护能力。关于人工智能价值伦理的探寻，有助于新加坡在未来的科技发展中保持优势，并时刻保持应有的清醒和警惕，减少新科技的负面影响。为了实现相关法律的完善与技术发展同步，新加坡国立大学法学院专门成立了"科技、机器人及人工智能与法律研究中心"，重点探讨人工智能的法律与道德问题，开展人工智能监管、隐私与资料保护、生物科技与医学道德的跨学科合作研究。这些国家根据不同的发展战略、发展目标，积极组织相关机构进行研究，出台国家战略和配套措施，为企业进行数字化转型指明了发展方向，提供了政策保障。

（2）注重体制机制建设。发达国家一直将信息技术作为经济发展、技术创新的重点，把数字化转型作为共谋竞争新优势的战略方向。基于这一理念，许多发达国家政府新设了很多跨部门、全国性、专业性的组织机构和职位，以便更好地贯彻实施国家的重大战略。新设机构主要分为两类，一类主要负责制定数字化转型特定领域的国家战略并指导产业发展。例如，2009年美国政府成立的"云计算工作组"，主要确立在云计算方面的思维领导力并提供相关指导；2014年德国政府出台《数字议程（2014—2017）》，设立数字经济咨询小组支持初创企业和创业者；2016年，美国设立物联网商业局，旨在向国会提供如何推动物联网技术在美国的普及以及与产业领军企业进行合作的相关建议。另一类主要负责特定领域的情报收集、技术研发、现状分析、问题剖析、形势研判及政策建议等。例如，2016年美国成立的"机器学习与人工智能分委会"（MLAI）负责监督、跟踪AI技术的研发，提供AI领域的技术和政策建议等。新加坡政府部门遵循"四统一"原则领导数字化建设和发展。数字化系统工程建设具有顶层规划、底层设计、信息互联互通、数据共享交换等特点，因此新加坡政府设立了专门的全国人工智能署，负责制定新加坡的人工智能技术进展议程，遵循"统一领导、统一规划、统一标准、统一平台开发"的建设原则，统领协调政府各部门及社会公共资源，有效建立信息互联互通和数据共享交换的机制；统一所涉及顶层平台及各领域业务平台的规划和应用系统的设计，制定统一的信息互联互通和数据共享交换的标准；统一组织业务平台及应用系统，以及系统集成互联互通和数据共享交换通信接口的开发，避免了同一业务平台及应用系统的多头多厂家重复开发建设。这些专门机构的设立，有利于政府从技术、经济、社会的视角，筹划支持企业数字化转型发展。

（3）普遍加强国内 ICT 基础设施建设。各国普遍提高国内宽带的容量和速度，增加宽带覆盖面积，进而更好地连接较为偏远的地区。这些国家针对未来基础设施建设的投入都设定了目标，以支持国内建设无线、互操作的宽带公共安全网络。提高宽带基础设施的弹性和适应性可以增强其抵御自然灾害的能力，这些国家通过建设包括海底电缆在内的国际信息技术基础设施或者区域分布数据中心以鼓励和支持建设互联网的分布交换和备份系统。

（4）加速核心技术、商品和服务创新。重视技术创新是发达国家在信息技术领域一直保持全球领先的关键原因。其具体做法包括：一是加速 ICT 研究和开发项目的培育，互联网、云计算、物联网、人工智能和大数据是技术投资的优先领域。例如，美国政府每年投入巨额专项资金用于企业在云计算、大数据等领域的研究开发，以推动整个产业技术的创新。二是在基础研究和技术研发领域不断投入，开发民间不感兴趣或公共服务领域的一系列项目，以弥补企业在技术研发领域的短板，促进技术的有效供给。例如，日本政府在企业薄弱的应用软件开发领域投入巨资，通过推广应用等方式，加快推动相关应用软件的开发。三是在加强 IT 产业的硬件建设、将技术转化为现实生产力方面注重发挥企业的主导作用。例如，日本在制定"IT 立国"战略的过程中，广泛征求企业意见，准确定位政府角色，营造公平的发展环境，极大地提高了 IT 企业投资的积极性。四是鼓励、吸引外国资本对 ICT 领域进行投资，有些国家通过引入全球性竞争较强的风险投资增强 ICT 产业投资效应，或者鼓励初创型企业与传统产业融合发展，或者有针对性地支持 ICT 创始公司在本国设立企业等，并扩大 ICT 产品和服务的出口。例如，墨西哥数字经济战略的目标就是使其成为全球排名第二的 IT 设备出口国，且 IT 产值要在全球居第四位。五是促进区域性或全球性 ICT 标准统一。例如，欧盟为了实现成员国新 IT 设备和应用程序、数据存储和服务的无缝交互链接进入，启动了互操作性标准建设。

（5）抓住先进制造业等重点领域，以应用驱动经济社会发展。发达国家重视数字技术与经济社会各领域的融合发展，如互联网技术与制造业、农业、能源、环保企业的融合创新。主要发达国家和新兴经济体都在加快实施本国先进制造业的相关战略，如美国的"先进制造战略"、德国的"工业4.0"、韩国的"制造业革新3.0"等，以加快数字技术与制造业的深度融合发展。

（6）加快教育、医疗、交通、文化等民生领域的数字化转型。在教育数字化方面，利用数字技术提高和改进教育系统的有效性，重视对教育机构的数字化建设投入，大规模开发在线课程，推广和改善在线学习环境，为方便民众在图书馆使用相关数据而提供个性化学习辅助方案或高效快捷的宽带解决方案。在医疗数字化方面，加快远程医疗系统建设，提供在线健康和医疗保健预订服务，全面普及老年人医疗电子档案，扩大远程医疗保险和福利范围。日本由于人口老龄化问题，特别重视提升医疗数字化水平；欧盟更是将数字化能力作为提升公民素养的一部分，大力实施"数字素养"项目，强化民众对数字资源和数据工具的应用能力。在文化方面，近年来美国纽约大都会博物馆推行线上博物馆计划，与开放存取及版权领域的国际先驱"知识共享"（Creative Commons，CC）合作，为超过37万幅作品进行数据化编目并提供大数据关键字搜索依据，为民众免费使用、分享及混合重塑数据搭建平台。该线上博物馆计划面向商业或非商业用途开放存取图像与数据，艺术家、设计师、企业家及学者等皆可从5 000年前的艺术品中寻获灵感，以提高艺术藏品的利用率及扩散力，成就数字化所带来的艺术共享。在智能城市及邻里方面，新加坡政府拟在2022年前推出采用人工智能技术的聊天机器人，为居民向政府部门反映社区问题提供指引；政府将利用人工智能科技对电梯进行体检，在电梯发生故障前就能发出预警，以便及时维修电梯，避免居民出行不便。

1.1.3　推进数字经济发展的基础不断夯实

（1）推动数字经济发展的体制机制不断完善。一是在管理机构方面，本轮机构改革以来，已有25个省级地方成立大数据管理机构（见表1-1），成立的机构表现形式多为大数据管理局、政务服务数据管理局和大数据管理中心[①]；在地级市层面，90%以上的城市设立了城市大数据管理机构[②]。二是在政策法规方面，2020年7月3日，《中华人民共和国数据安全法（草案）》（以下简称《草案》）正式公布并公开征求意见。《草案》坚持安全与发展并重，确立了数据安全管理的各项基本制度；各地政府的工作报告也纷纷提出"经济高质量发展""大力发展数字经济"等目标方向或重点任务，开始全面对标国家经济高质量发展要求。此外，多数地方政府均出台了数字经济发展规划、三年行动计划等政策文件，专门就本地区数字产业化、产业数字化发展作出专门性规划。

表1-1　　　　　　　　　地方大数据机构及职能一览表

序号	单位名称	隶属机构	机构性质
1	北京市经济和信息化局	北京市人民政府	原有政府机构加挂牌子
2	天津市大数据管理中心	中共天津市委网络安全和信息化委员会办公室	新组建事业单位
3	上海市大数据管理中心	上海市政府办公厅	新组建事业单位
4	重庆市大数据应用发展管理局	重庆市人民政府	新组建政府机构
5	河北省大数据中心	河北省工业和信息化厅	原有事业单位
6	山西省行政审批服务管理局（省政务信息管理局）	山西省人民政府	新组建政府机构

[①] 于施洋，王建冬，郭巧敏. 当前我国构建数据新型要素市场体系面临的挑战与对策[J]. 电子政务，2020(3):11.

[②] 见《中国城市数字经济指数白皮书》。

序号	单位名称	隶属机构	机构性质
7	辽宁省信息中心	辽宁省人民政府	统筹整合省级主要事业单位后新组建
8	吉林省政务服务和数字化建设管理局	吉林省人民政府	新组建政府机构
9	黑龙江省政务大数据中心	黑龙江省营商环境建设监督局	新组建事业单位
10	江苏省大数据管理中心	江苏省政务服务管理办公室	新组建事业单位
11	浙江省大数据发展管理局	浙江省人民政府办公厅	新组建政府机构
12	安徽省数据资源管理局	安徽省人民政府	新组建政府机构
13	数字福建领导小组办公室（省大数据管理局）	福建省人民政府	原有政府机构加挂牌子
14	江西省信息中心（省大数据中心）	江西省发改委	原有事业单位加挂牌子
15	山东省大数据局	山东省人民政府	新组建政府机构
16	河南省大数据管理局	河南省人民政府办公厅	新组建政府机构
17	湖北省政府政务管理办公室（省数字政府建设领导小组办公室）	湖北省政府办公厅	新组建政府机构
18	广东省政务服务数据管理局	广东省人民政府办公厅	新组建政府机构
19	海南省大数据局	海南省人民政府	新组建法定机构
20	贵州省大数据发展管理局	贵州省人民政府	原政府机构（贵州省公共服务管理办公室）更名
21	陕西省工业和信息化厅（省政务数据服务局）	陕西省人民政府	原有政府机构加挂牌子
22	内蒙古自治区大数据发展管理局	内蒙古自治区人民政府	新组建事业单位
23	广西壮族自治区大数据发展局	广西壮族自治区政府	新组建政府机构
24	四川省大数据中心	四川省政府	新组建事业单位
25	云南省数字经济局	云南省政府	新组建政府机构

（2）新型基础设施建设投资涌向数字经济。多年来，投资因其在短期内拉动经济增长效果明显，一直对国民经济发展起着关键作用。新型基础设施建设（"新基建"）投资是未来中国经济发展的驱动力，是整个国民经济具有乘数效应和撬动效应的杠杆，将开启新一轮经济周期。2020年3

月4日，中共中央政治局常务委员会召开会议，指出要"加快5G网络、数据中心等新型基础设施建设进度"。作为数字世界中的基础性设施，"新基建"在5G、大数据中心、人工智能、工业互联网等领域的相关项目投资将直接拉动数字经济增长，并带动产业链上下游快速发展。"新基建"将构筑新结构性力量，助力数字经济发展。从"传统基建"到"新基建"，发展目标由规模发展变为高质量发展，关键要素由钢筋水泥变为数据、未来网络，建设主体由工程企业变为数字化企业。"新基建"对供给侧的数字化企业提出了更高的要求，需要强大的产能供应能力、安全完整的供应链能力、标准化产业发展能力、长效运营能力，以及将新型基础设施与各行各业快速融合的能力。

（3）信息技术产业支撑作用不断增强。2020年2月工信部发布的《2019通信业统计公报》显示，2019年，我国电信业务总量增长较快，电信业务收入累计达到1.31万亿元，较2015年（1.12万亿元）增长16.96%；我国电子信息制造业保持总体平稳、转型加快的运行态势，电子信息制造业综合发展指数总得分119.12，比上年上升4.06个分值，继续呈现平稳提升态势；我国软件和信息技术服务业呈现平稳向好发展态势，收入和利润均保持较快增长，从业人数稳步增加；信息技术服务加快云化发展，软件应用服务化、平台化趋势明显。

（4）产业融合数字化发展势头良好。产业融合直接体现了数字经济对经济规模增长的带动价值。全国数字产业化集群主要分布在经济发达地区，5G、人工智能、云计算、大数据、区块链等驱动产业的聚集效果更为明显。产业数字化成为数字经济主引擎，作为产业新动能开拓融合发展新空间。金融、制造业和能源领域的数字化水平明显领先，其他行业有待加强。

（5）信息消费引领消费转型升级。信息消费通常包括信息产品消费和信息服务消费。其中，信息产品包括智能手机、可穿戴设备、数字家庭等各类联网产品；信息服务包括通信服务、互联网信息服务、软件应用服务等。近年来，随着国家政策红利加速释放和信息通信技术不断演进升级，信息产品与信息服务在国民经济各领域的渗透和应用日益广泛，形成了新的经济增长点，开辟了更为广阔的消费空间。一方面，信息产品供给体系质量加快提升，新一代智能硬件变革推动联网设备边界从传统的个人计算机、手机和电视等信息通信设备向可穿戴设备、汽车等一般物品广泛延伸，家庭居住、个人穿戴、交通出行、医疗健康等领域的新型智能硬件产品层出不穷，产品共享化、智能化和应用场景多元化趋势日益凸显。我国智能可穿戴产品、智能家居产品的市场规模均达到数十亿元到百亿元级别，消费级无人机等产品达到全球领先水平。另一方面，信息服务应用持续升级，"互联网+"在生产和生活领域全面推进，由第三产业向第二产业、第一产业逆向渗透，从消费互联网快速向产业互联网拓展。电子商务、出行旅游和企业服务成为信息服务消费热点领域，线上线下融合业务创新活跃，交通出行、上门服务、餐饮外卖等应用软件迅速崛起，农业电商、工业电商等应用软件快速发展，在线医疗、在线教育等民生类信息消费持续增长。经中国信息通信研究院初步测算，2018年我国信息消费规模约为5万亿元，占最终消费支出的比重达10%，同比增长超过10%，成为有效拉动内需、助力经济增长的重要引擎。

1.1.4　数字经济发展的问题亟待解决

近年来，数字经济在中国蓬勃发展，且发展基础不断夯实，但仍存在一系列问题，尤其是在新冠肺炎疫情的影响下，宏观经济环境复杂多变，数字经济发展面临的挑战不断加大。

（1）发展水平不均衡。虽然我国数字化发展水平处于世界前列，但是作为一个社会整体，均衡发展才有利于巩固和提升我国在全球数字经济舞台上的地位。一方面，我国行业发展不均衡。根据麦肯锡研究院（MGI）的分析，我国不同行业之间的数字化水平存在较大差距：与其他经济体一样，我国信息通信、媒体和金融等行业的数字化程度最高；与欧洲和美国相比，我国面向消费者的行业和与政府相关的行业相对于其他行业的数字化水平排名更高；我国农业、医疗、建筑等行业数字化水平则相对较低。同时，不同经济管理模式对数字经济的适应程度不同，不同企业进行智能化转型的实力各异，因此数字化水平也存在差异，从而对行业的数字化程度产生影响。另一方面，我国区域发展不均衡。中国城市数字经济指数（2020）显示，我国数字经济发展虽然成绩斐然，不同梯队城市的差距也在逐步缩小，但总体上仍相差明显。

（2）不同区域数字基础设施差距较大。数字基础设施是指支撑城市民生服务、城市治理和产业融合的数字化基础设施，是衡量城市数字经济发展的重要组成部分。受经济、文化、教育和政策等多种环境因素的影响，我国不同区域之间、不同城市之间、城市与乡村之间的信息化发展水平差距较大，数字素养也参差不齐，数字鸿沟较大。上海、深圳、北京、成都、杭州、广州等城市信息化发展较为领先，无锡、宁波、重庆、武汉等城市紧随其后，其他大多数城市与上述城市的差距正在不断缩小，但仍有一部分城市发展基础较为薄弱，且发展速度相对较缓。

（3）数据统筹力度弱。统筹协调有力、整合资源高效是发展数据要素市场的首要条件，当下我国数据资源开放共享刚刚起步，各行各业的思想认识不一致，数据开放共享整体制度尚不成熟。一方面，中央层面统筹力度不足。2015 年以来，促进大数据发展部际联席会议制度发挥了重要的协调作用，但难以解决未来构建超大规模数据市场所必须匹配的更加专业、更加精细的统筹决策和落地执行等一系列问题。在部委层面，国务院组成部门、直属特设机构和直属机构中，超过 60% 的单位印发了对应领域的大数据发展文件，并启动了本行业大数据中心体系建设。各部委纷纷加强对本行业数据的管理，但烟囱林立、条块分割、重复建设等问题较为突出，跨部门、跨系统、跨区域统筹协调的难度依然很大，难以形成整体合力。面对未来数据流通的规模超大、领域超广泛、技术超复杂、监管全时空等特征，目前顶层缺位、上下不联、横向不通的管理体制机制缺陷和障碍已经十分突出。

在地方层面，25个省级政府成立的大数据管理机构表现形式为大数据管理局、政务服务数据管理局和大数据管理中心等。由于缺乏统筹，各地大数据机构的设置和职能范围五花八门，有的由省政府主管，有的隶属办公厅、发改委、经信委等职能部委，机构性质的多元使其运行机制各有差异。

（4）多数地区数字治理较为薄弱，治理数字化水平有待提升。目前全国范围内智慧城市建设进程加速，大数据的作用与地位正在发生深刻的变化，数据与人员、技术以及资本处于同等重要地位，是国家的核心资产、战略性资产。数据治理已经逐步成为推动数字经济发展、建设智慧城市的重要推动力，是数据驱动下的新型智慧城市的重要组成部分，在现代化治理中发挥重要作用。当前我国大部分城市已建成城市大数据平台或行业大数据平台，但整体上仍存在数据覆盖面不够、质量不高、共享开放不足等问题。城市治理涉及公安、信用、生态环保、市政、应急和自然资源等领域，当前全国城市治理数字化整体水平仍有待提升，多数城市应急管理数字化水平偏低。从本次各地政府抗击新冠肺炎疫情的工作来看，薄弱的数字治理水平严重制约了政府现代化治理能力的提升。部分城市在抗击疫情工作中暴露出基础数据不足、底数不清、不够精准、共享交换存在壁垒、应急管理数字化能力不足、流程不畅等问题，严重影响了疫情防控的效果。

（5）网络和信息安全面临威胁。"没有网络安全就没有国家安全，就没有经济社会稳定运行，广大人民群众的利益也难以得到保障""网络安全和信息化是一体之两翼、驱动之双轮，必须统一谋划、统一部署、统一推进、统一实施"，数字经济在不断发展的同时，也导致网络安全、数据安全等问题频繁出现。如何解决网络安全问题成为当前数字经济发展的一个重大难题。此外，在数字经济下，新技术的应用可能会带来更丰富的应用场景、更高的生产效率，但也可能会在个人信息保护、人身权利保护以及商业竞争等方面提出挑战。

1.2　数字经济发展趋势和方向

1.2.1　数字经济将在后疫情时代开启新篇章：从经济发展的主要动力源变为经济发展的主形态

2020年2月3日召开的中共中央政治局常务委员会会议上，习近平总书记指出"疫情是对我国治理体系和能力的一次大考"，同时"鼓励运用大数据、人工智能、云计算等数字技术，在疫情监测分析、病毒溯源、防控救治、资源调配等方面更好发挥支撑作用"。数字经济一方面面临着突发疫情带来的巨大考验，同时在防控疫情中的作用也日益凸显。从更长期的历史视角观察，新冠疫情造成了供需双弱的独特萧条场景，但也加速了全球经济的艰难蜕变。对未来而言，疫情改变不了我国经济的宏观走势，但是将改变具体的发展形态，以数字技术为代表的新经济模式将得到充分认知，数字经济将从经济发展的主要动力源变为经济发展的主形态，产业数字化全面发展、数字产业化高端引领的时代即将来临。

国家统计局2020年1—2月份数据显示，全国规模以上工业增加值同比下降13.5%，而智能手表和智能手环产业则分别逆势增长119.7%和45.15%；服务业生产指数同比下降13.0%，而信息传输、软件和信息技术服务业则实现增长3.8%；社会消费品零售总额同比下降20.5%，而实物商品网上零售额则同比增长3.0%。从这一系列对比数据可以发现，以传统产业为代表的旧动能在应对外生冲击时能力不足，而以数字经济为代表的新动能在对冲不确定性方面展现出巨大的发展潜力，数字技术提升国民经济柔韧性的能力得到充分体现。国务院发展研究中心对近万家科技型中小微企业进行的问卷调查显示，数字化程度越高的企业受疫情冲击的影响越小。因此，数字化转型成为企业应对外部不确定性的关键策略。

第一，从生产方式来看，疫情期间，企业对人工智能、大数据、云计算等数字技术的可用性、易用性和有用性有了更加全面和深刻的认识，破除了技术认知障碍，这将进一步加速数字技术的广泛与深度应用。第二，疫情将催生企业数字化销售转型。未来将会有越来越多的传统企业尝试数字化销售转型。第三，企业经营管理全流程、全价值链环节都出现不同程度的线上转移趋势，尤其是远程办公和云签约（电子合同）出现爆发式发展，供应商远程管理和客户远程管理也得到了一定程度的发展。

此外，疫情期间大量消费行为从线下转到线上，这种转变促进了消费领域的商业模式变革，加速推动了数字消费新业态、新模式的蓬勃兴起。数字消费新业态的兴起一方面是电子商务等相对成熟业态的新模式的爆发，包括网络社区团购、智能物流配送、生鲜电商等；另一方面是仍处于成长期的新模式加速崛起，如在线教育、互联网医疗、云娱乐、云旅游等。目前来看，数字消费的发展将至少呈现三种趋势性变化：一是线下中小微企业的市场退出行为增加，大型企业加速进行线下业务整合，市场集中度将会在一定程度上提升，产业组织结构持续优化；二是用户逐渐养成在线消费习惯，成熟期的数字经济业态规模将会持续扩张，成长期的数字经济新业态将会加速多点爆发；三是线上、线下加速融合将是经济发展的长期趋势，线下企业并不会被完全颠覆，提供个性化、差异化和高质量的服务将成为其重要的竞争策略。

1.2.2　数字经济迈向产业互联网新时代：以网络化连接、数据化驱动、智能化生产、融合化发展、精准化导向、全球化合作为主要特征

2018年5月，习近平总书记在中国科学院第十九次院士大会、中国工程院第十四次院士大会开幕会上指出，要把握数字化、网络化、智能化融合发展的契机，以信息化、智能化为杠杆培育新动能，优先培育和大力发展一批战略性新兴产业集群，推进互联网、大数据、人工智能同实体经济深度融合，推动制造业产业模式和企业形态根本性转变，促进我国产业迈

向全球价值链中高端。腾讯研究院[①]指出，作为信息革命的引擎，数字技术日新月异，生产工具、生产要素和基础设施加快演进升级。智能机器成为新的生产工具，数据成为新的生产要素，信息网络成为新的基础设施，推动数字经济迈向一个网络化连接、数据化驱动、智能化生产、融合化发展的产业互联网新时代。

（1）网络化连接

随着数字经济时代的到来，信息成为越来越重要的传输对象。作为传输信息的通道，信息网络是数字世界的"高速公路"，成为新的基础设施。基础设施作为一种社会传输网络发挥功能，它主要由通道及其节点组成，连接是其本质特征。基础设施通过连接不同的地区、不同的民众和不同的服务，来传输物品和人们自身，从而实现位置的转移；或者传输水、电、气和信息，从而使人们获得公共服务。交通网、管网、电网和电信网莫不如此。

移动通信技术在人与人之间普遍连接的过程中起到了巨大作用。在过去的40多年里，无线通信技术经历了4代变革，初步解决了人与人之间的连接问题。5G、物联网、人工智能等新一代信息技术在增强人与人连接的同时，将带领人类进入人与物、物与物普遍连接的崭新时代，构建万物互联的智能世界。

（2）数据化驱动

当前，人类社会已经步入数字经济2.0时期，这一时期最为鲜明的特质便是高度的数据化。在工业时代背景下，数据信息资源的应用范围较为有限。自20世纪90年代开始，数字革命方兴未艾，数字技术和人类生产生活以前所未有的广度和深度交汇融合，全球数据呈现出爆发式增长、海量集聚的特点，数据信息资源的传播已经打破了在先前工业时代小范围流

---

① 闫德利．政府工作报告解读 | 数字经济迈向产业互联网新阶段[EB/OL]．[2021-12-30]．https://baijiahao.baidu.com/s?id=1667727727185836293&wfr=spider&for=pc．

动的桎梏，在网络技术以及现代信息通信技术的帮助下，实现了高速的流动及共享。数据的充分挖掘和有效利用优化了资源配置和使用效率，改变了人们的生产、生活和消费模式，提高了全要素生产率，推动了诸多重大而深刻的变革，对经济发展、社会生活和国家治理发挥着越来越重要的作用。数据日益成为重要战略资源和新生产要素。

我国对此高度重视，不断推动生产要素的理论和实践创新。习近平总书记在2017年中共中央政治局第二次集体学习时强调，要构建以数据为关键要素的数字经济。2019年10月，党的十九届四中全会首次提出将数据作为生产要素参与分配。2020年4月，中共中央、国务院发布《关于构建更加完善的要素市场化配置体制机制的意见》，将数据作为与土地、劳动力、资本、技术并列的生产要素，要求"加快培育数据要素市场"。数据要素涉及数据生产、采集、存储、加工、分析、服务等多个环节，是驱动数字经济发展的"助燃剂"，对价值创造和生产力发展具有广泛影响。

（3）智能化生产

随着数字革命的发展，软件开始定义一切，机器日益由程序和代码所驱动，由"插上电"迈向"连上网""接入云"，从而具备了一定的分析、运算、判断、操作甚至思维的能力，能够独立完成人们设计的生产过程，变得越来越自动化和智能化。数字时代的智能机器在本质上是数字化的，它不仅改造着旧世界（物理世界），还在创造一个新世界（数字世界）。智能机器给人类生产、生活带来了巨大而深刻的影响，引领了社会生产新变革，拓展了人类生活新空间，世界变成了"鸡犬之声相闻"的地球村，信息物理系统（CPS）应运而生。

（4）融合化发展

习近平总书记指出："进入21世纪以来，全球科技创新进入空前密集活跃的时期，新一轮科技革命和产业变革正在重构全球创新版图、重塑全球经济结构。以人工智能、量子信息、移动通信、物联网、区块链为代表的新一代信息技术加速突破应用……学科之间、学科与技术之间、技术之间、自然科学和人文科学之间日益呈现交叉融合趋势。"这实际上意味着数字经济走向融合化发展，主要体现在技术与技术融合、技术与产业融合、产业与产业融合三方面。

技术与技术融合。当前，新一轮科技革命的一个重要特征就是数字化技术创新与生命科学、能源技术、先进制造、空间海洋探测等领域的技术创新出现深度融合交叉的态势。

技术与产业融合。产业互联网是数字技术与实体经济深度融合的产物，是这一轮数字化进程中最具活力和潜力的领域，已经进入发展黄金期。云计算对经济的贡献也进一步显现。据腾讯研究院测算，用云量每增长1点，GDP增加约230.9亿元。数字经济与实体经济融合已成为数字产业增长的主要引擎，从细分行业来看，医疗、餐饮、金融和教育产业增速飞快，2018年增幅超过200%。

产业与产业融合。在数字环境下，各个企业之间的发展联系纵横交错，越来越紧密。其突破了传统分散的网络节点，呈现出整合化的发展倾向。在这样的数字环境下，产业平台将越来越呈现生态化的发展趋势，由传统的线性连接向网络形式连接转化。

（5）精准化导向

我国的消费正处于向精准化发展的过程中，无论是用消费升级还是消费降级来概括目前的消费模式，都是不准确的，从本质上来看，这是消费垂直化发展的时代。基于数字经济，企业始终以用户的实际需求为导向，推动多样化和个性化的消费。进入新时代以来，我国居民在消费方面已经不满足于模仿型、排浪式的基本消费，而是开始注重自己的个性化发展，企业可以通过数字经济的建设提供一个有效的信息获取平台，对用户资源进行精准的收集，通过市场特征、用户习惯、特定需求的整合传递，来进行无缝隙的商业模式建设，不断提高商业发展的个性化、精细化程度。

（6）全球化合作

改革开放以来，中国的科技企业"走出去"面临较大困难，很少有科技企业能被发达国家市场广泛接受，但是现在的情况正在发生改变。第一，中国的科技企业积极拓展域外市场。我国自20世纪90年代末开始致力于帮助企业进军国际市场，尽管取得了一定的成绩，但结果并没有达到预期。尽管一些公司在国际上有了一定的影响，不过从其市值来看，同苹果公司、亚马逊公司的差距依然十分明显。因此，积极拓展域外市场仍然是当下发展数字经济的首选。第二，中国的科技企业借助海外并购的方式，推动企业全球化。在这方面，蚂蚁金服收购了美国汇款公司MoneyGram，为跨境购物与汇款提供了便利。这个例子为国内企业走上海外并购之路提供了经验和借鉴。第三，数字贸易摩擦出现新常态。在走向强大的道路上，不受到攻击才是不正常的，荷兰、英国、美国在发展壮大的过程中无一不经历残酷的竞争，中国当然不会例外。在这种情况下，我们需要摒弃"零和博弈"的思路，坚持合作共赢的理念，共同制定规则，确定好"航线"，参与数字经济全球治理，促进全球贸易繁荣和各国经济的共同发展。

因此，我们必须推动数字企业走出去。数字经济产业是我国真正具有较高自主创新能力和国际竞争力的高科技产业，发展数字经济既有利于我国在这一新兴产业领域形成全球布局，也有助于改变我国给其他一些国家留下的产业水平落后、技术能力差的印象，提升中国的国家软实力。我们应站在中国数字经济全球化的视野，调整国内数字经济布局，引导相关产业向西部沿边地区扩散，建设若干数字经济"走出去"的国内"根据地"；加大对西南数字经济大通道建设的投入力度，对相关的基地、平台、园区建设给予更大支持；加快与各级规划相对接，如《国家信息化发展战略纲要》以及有关云计算、物联网、大数据、人工智能的发展规划，特别是要推动广西、云南等沿边省份的数字经济发展规划与东盟各国相关规划的制定；落实《"一带一路"数字经济国际合作倡议》《中国-东盟跨境电商平台合作备忘录》以及我国与老挝等国签订的"数字丝绸之路"有关合作协议，消除中国与"一带一路"沿线国家和东盟各国之间在电子商务、跨境物流、网络信息服务等方面的关税壁垒、法规壁垒、技术壁垒和信息壁垒，推动相关产业领域的信息互换、监管互认、执法互助，打造数字经济合作的畅通大道。

1.2.3　数字经济主战场转移：从服务业转向制造业

习近平总书记在党的十九大报告中指出，加快建设制造强国，加快发展先进制造业，推动互联网、大数据、人工智能和实体经济深度融合。当前，智能制造已成为我国制造业转型升级的重要途径和参与国际竞争的先导力量，加快发展智能制造是推进信息化和工业化深度融合、推动中国制造业迈向高质量发展的必然要求。2020年的《政府工作报告》把推动制造业升级作为我国2020年发展的一项重要目标，提出要支持制造业高质量发展，大幅增加制造业中长期贷款，发展工业互联网，推进智能制造。

2020年3月，中国信息通信研究院发布的《中国数字经济发展白皮书（2020年）》显示，2019年我国数字经济增加值规模达到35.8万亿元，占GDP的比重达到36.2%，占比同比提升1.4个百分点。其中，产业数字化成为数字经济主引擎。2019年我国产业数字化规模接近29万亿元，占GDP比重为29.0%。其中，服务业、工业、农业数字经济渗透率分别为37.8%、19.5%和8.2%。

接下来最值得期待的是数字经济与制造业的融合。一方面，这是由制造业在国民经济中的地位决定的。制造业是一个国家综合实力的根本，是立国之本、强国之基，从根本上决定一个国家的综合实力和国际竞争力。无论是大国还是小国，没有制造业就谈不上是一个强大的国家。工业革命以后，中国迅速从一个发达的农业文明国家的位置滑落，其根本原因就在于错过了工业革命带来的发展机遇。这些年，中国的综合国力不断增强，重要原因之一是逐渐发展成为制造业大国。另一方面，从全球范围看，数字技术与制造业融合是大势所趋。美国、德国、法国、韩国等主要工业发达国家和新兴经济体都在加快实施本国先进制造业发展的相关战略。

因此，推动制造业高质量发展应成为推动数字经济与实体经济融合发展的主攻方向和关键突破口：将制造业作为发展数字经济的主战场，推动数字技术在制造业生产、研发、设计、制造、管理等领域的深化应用，加快重点制造领域数字化、智能化，推动"中国制造"向"中国智造"和"中国创造"转型。推动数字经济和实体制造业深度融合，加快一、二、三产业数字化、网络化、智能化转型，有利于形成生产、流通、消费"三位一体"的共享经济生态链，拓展数字经济新空间，持续壮大新动能，创造经济新增长点。

马化腾在《数字经济：中国创新增长新动能》一书中指出，数字经济在贴近用户侧采用轻量级、小步快跑、高速迭代的发展模式，但数字经济与制造业的融合应当有更加系统的规划，从顶层设计开始改变，由需求引发供给，通过云、大数据、柔性制造，让生产资料得到效率最佳的配置，真正让数据提升效率、爆发力量。

推动数字经济和实体制造业的深度融合，首先要加强数字经济战略部署，构建数字经济与实体经济深度融合的政策体系。目前，关于推动数字经济与实体经济融合发展的政策密集出台，但总体存在体系性不强及碎片化现象，需要从顶层设计上加强整合和更新，提高政策支撑能力，建立数据共享的激励机制，加快推进关键核心技术突破，以工业互联网为重要创新平台，健全产学研深度融合的技术创新体系。

1.2.4 数字经济跨越式发展：以核心技术创新突破为根本途径

核心技术是国之重器，是信息化、数字化发展的基石。2016年4月，习近平总书记在网络安全和信息化工作座谈会上指出，互联网核心技术是我们最大的"命门"，核心技术受制于人是我们最大的隐患。

当前，世界正处于新一轮科技革命与产业变革同人类社会发展形成历史性交汇的重要时期。数字技术作为率先渗透到经济社会生活各领域的先导技术，将促进以物质生产、物质服务为主的经济发展模式向以数字生产、数字服务为主的经济发展模式转变。世界正在进入以新一代数字产业为主导的新经济发展时期，数字产业核心技术已成为世界各国战略竞争的制高点。数字产业的市场规模很大，在经济发展中的比重也越来越高。数字技术的发展程度决定着数字化发展水平，数字化与实体经济的深度融合发展会促进资源配置优化、促进全要素生产率提升，是推动产业升级的有力途径。

当前，全球范围内信息技术发展正进入一个以5G为骨架、以大数据为内核、以人工智能为驱动的全新阶段。以5G、大数据、AI为代表的新一代信息技术，将为未来一段时期内我国经济换挡提速、爬坡过坎、换道超车提供强大动力。它们之间相互协同，深入各行各业之中，创造出新的业务体验、行业应用及产业布局。从数字政务到智慧城市，从工业自动控制到农业智慧管理，"5G+大数据+AI"的融合创新发展将对智能制造、数字媒介、科技创新、医疗、教育、交通等诸多领域产生广泛而深远的影响，为政企转型和产业升级注入新的动力。

当前，我国一方面在5G的研究上已跻身"第一阵营"，并且正在提前布局6G网络，力图未雨绸缪、占得先机；但另一方面，在人工智能核心技术上仍然受制于人。因此必须要主攻关键核心技术，全面增强人工智能科技创新能力，加快建立新一代人工智能关键共性技术体系，在短板上抓紧布局，确保人工智能核心技术牢牢掌握在自己手里，并在此基础上加快人工智能深度应用，培育壮大人工智能产业，为我国经济发展注入新动能。

第2章　数字经济背景下数据要素与其他要素的协同联动机制

本章以十九大报告和历届全会精神为指引，重在阐述数据作为一种全新的生产要素应如何实现与人才、资金、技术等其他要素的联动协同创新：在理论层面，将从基础层、支撑层、整合层三个层面归纳数据要素对其他要素的重构模型；在实践层面，将从数字产业化、产业数字化及全要素数字化等不同层面分析数据与人才、资金、技术、产业等要素的联动机制。

生产要素是经济学理论的基本概念，是对经济活动投入资源的形象概括。从经济学理论演进过程中可以发现，生产要素经历了从二元论到五元论的不同发展阶段，随着经济发展的时代特征变化而不断变迁，如农业经济时代的核心生产要素是土地，工业经济时代的核心生产要素是技术和资本。当前，得益于边缘计算、云计算、大数据、人工智能等新一代信息技术的发展，基于物理、社会和网络三维空间互动的新科技革命彻底改变了人与人、人与物、物与物之间联系和互动的方式和规则，数字经济时代来临，数据成为生产要素。

数据要素具有典型的"使能性"（Enabling Technologies）和通用目的性（General Purpose Technologies，GPTs）特征。所谓使能性，是指一项数据及其相关技术要素投入使用后，可以使既存技术能力得以改进和提升，为使用者弥合"使然技术"（know-what）与"应然技术"（know-how）之间的缺口，使能性技术的使用者和尝试者节省了熟悉该技术机理的时间，可以很快适应该技术①。所谓通用目的性，其概念是由布雷斯纳汉（T.F. Bresnahan）等②提出的，他们认为具有通用目的特征的信息技术在任意时间内，在更多的部门中都具有普遍使用潜力（potential for pervasive use），且这类信息技术的活力较强。这类通用目的技术的演化和进步，可在全行业乃至全社会产生更全面的生产率收益。基于此，数据及其相关技术可以说是当前典型的通用目的技术，伴随着其发展和演化已具有非常广阔的应用空间，且其使用不受任何个人偏向的约束和引导，可以满足各行业和活动的需要。

目前，学界较少有对数据要素和其他要素联动机制的专门分析，但部分研究者提出了一些相关理论观点。德朗（J.B. Delong）③认为，相对于历次产业技术革命而言，以大数据、人工智能为代表的新信息技术所强化和延伸的是人的智能，而不是一般工业技术所强化的人的技能和组织的技能。因此，数据要素并不能代替各个企业本身，但它是帮助企业进行有效决策、提高劳动效率的重要手段④。刘玉奇、王强认为数据生产要素作用的发挥需要形成"任意对象和信息的数字化""任意信息的普遍连接""海量信息的存储和计算"的一般性生产技术条件，因此，需要用数字世界连接物理世界和意识世界⑤。王欣⑥在归纳包括数据在内的整个信息技术对经济增长的作用时，认为其主要包括三个层面，即 IT 资本的深化、信息部

① 白重恩,阮志华. 技术与新经济[M]. 王淼,编译. 上海:上海远东出版社,2010.
② BRESNAHAN T F, TRAJTENBERG M. General purpose technologies "Engines of growth"?[J]. Journal of Econometrics. 1995,65(1)：83-108.
③ DELONG J B. The Triumph of Monetarism[J]. Journal of Economic Perspectives. 2000(4). Available at: http://www.j-bradford-delong.net/Econ_Articles/monetarism.html.
④ 聂进. 中小企业信息技术采纳影响因素研究[M]. 北京:科学出版社,2010.
⑤ 刘玉奇,王强. 数字化视角下的数据生产要素与资源配置重构研究——新零售与数字化转型[J]. 商业经济研究,2019(1).
⑥ 王欣. 信息产业发展机理及测度理论与方法研究[M]. 长春:吉林大学出版社,2010.

门全要素生产率的提高和其他部门生产率的提高。上述研究对本章研究有一定的启发，基于数据要素在不同层面对技术、人才等其他创新要素的协同联动机理，本章认为可以将其概括为基础层、支撑层和整合层三个基本层面，如图2-1所示。

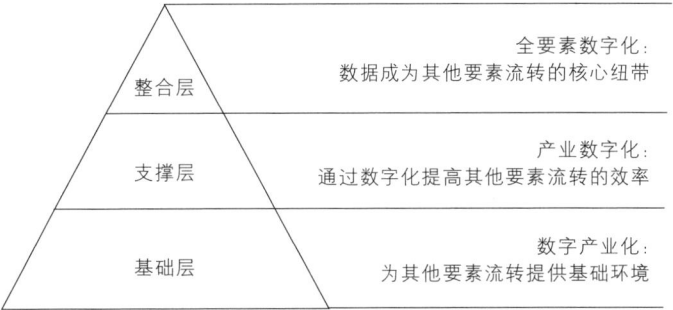

图2-1　数据联动其他生产要素的分层模型

2.1　基础层：数字产业化

在基础层，数据要素并不是以独立要素的形态存在，而是嵌入支撑实体经济运行的各种数字化基础设施之中，并通过数据中心、网络、终端等硬件基础平台，以及数据库、数据服务等软件基础平台，为人才、资本、创新等要素在实体经济中的融合提供基础环境，并且在一定程度上解决企业生产经营中的信息不充分或不对称问题，促进企业提升生产效率和经营效益，是信息产业的增加值。应当说，这是数据要素发挥要素联动作用的最低层级，其产业附加值和辐射带动效应也最小。在20世纪80年代信息化起步时期，数据虽然不是一种显性的生产要素，但其同样存在于信息服务、知识服务等服务业态之中，不过这一时期的信息化产业引导作用并不明显。甚至在20世纪80年代末，"信息技术的生产率悖论"（Productivity

Paradox）被以史蒂芬·罗奇（Steven Roach）等[①]为代表的一批经济学者普遍提及，他们认为20世纪90年代之前信息及其相关产业对国民经济各行业绩效的改善作用没有达到预期目标。但这种质疑声并没有持续很久，到20世纪90年代中期已经基本销声匿迹了，其原因就是伴随着信息技术和信息产业的成熟发展，由数字产业化发展带来的全要素数字化开始产生，两者间的关联模式逐步形成，并占据主导地位。

2.2 支撑层：产业数字化

在产业数字化阶段，数据开始作为一种独立的生产要素全面融入实体经济的运行之中，实体产业对数字技术的应用可带来原有产业的产出增加和效率提升。鲍恩（T.S. Bowen）[②]和韦斯特（J.P. West）等[③]认为，当数据融入商业程序而成为基本的管理工具时，它就能为企业提供优化的生产和管理流程，使管理知识得以分享并将其在不同的时间和项目之间进行合理化转移，孕育协同增效和继续学习。作为产业数字化模式的最早倡导者，夏皮罗（C. Shapiro）和哈尔（V. Hal）[④]早在20世纪末就前瞻性地分析和论述了数据对市场结构和产业组织的影响，并提出了差异化产品、互补品定价、搜寻成本和转换成本、标准竞争、路径依赖和锁定效应，以及规模经济、范围经济和网络效应、沉淀资本增长和边际资本投资缩减等一

---

① STEVEN ROACH. America's technology Dilemma: A Profile of the Information Economy[C]. Economics Newsletter Series. 1987(22).

② BOWEN T S. Building collaboration[J]. Computerworld, 2001, 35 (45): 39-40.

③ WEST J P, BERMAN E V. The impact of revitalized management practices on the adoption of information technology: a national survey of local governments[J]. Public Performance &. Management Review. 2001, 24 (3): 232-253.

④ SHAPIRO C, HAL V. Information Rule: A Strategic Guide to the Network Economy [M]. Harvard Business School Press, 1998.

系列理论观点。在这一阶段，数据发挥着相比以前各个时期更加重要的作用，已经成为驱动产业转型升级和区域协调发展的战略资源，正取代劳动和资本成为主导生产的因子，被高效的生产和流通以及经济领域各方面的服务所依赖。在基础功能层，实体经济的竞争力主要来自大规模生产带来的成本降低和"补链成群"的产业配套规模效应，数据只是促进了成本的进一步降低和效率的进一步提高；而在支撑功能层，随着产业数字化的不断推进，现代产业经济将越来越强调产业链的动态形成和动态组团效应，其中数据将成为联动不同组织、不同产业集群的核心要素，传统数据流、信息流依附于物资流的局面被颠覆，数据成为指挥实体经济运行的"大脑"和"中枢"，并充分发挥主导产业运行的决定性作用。数据作为一种通用目的技术，通过与国民经济各行各业广泛结合，使得各领域生产率不断提升，并且促使一、二、三产业之间的业态深度融合，深刻改变了传统产业的生产方式与组织形态，从而催生了新的经济动能，形成了新的产业模式与业态。

2.3　整合层：全要素数字化

在支撑层，数据的作用主要体现在对实体经济供给和需求两侧运行结构的数字化改造上，实现对传统意义的商品市场的转型升级；而在整合层，数据的作用将进一步体现在对要素市场的转型升级上，实现对人才、技术、资本、管理等各方面生产要素流转的全面数字化、智能化改造，从而实现国民经济的全要素数字化转型。在这一过程中，数据化和智能化技术不仅是产业投资、人才培养、技术创新、管理变革的重要基础，还是加速不同要素在不同行业、不同地域快速实现成链、结盟、组团、入网、解构的重要基础，数据将成为庞大而精细的社会化生产系统顺利运行的黏合剂[①]。可以说，全要素数字化的过程，是重构原有产业的资源配置状态，实现互联网、大数据、人工智能、区块链等新技术与实体经济、科技创新、现代金融、人力资源协同发展、充分融合，形成智能化的数字经济体系的过程。

综上所述，在数字产业化层面，数据要素对其他要素的作用主要内嵌于软硬件信息基础设施服务之中，其运行规律与信息化和信息产业的运行规律基本一致；在产业数字化层面，数据的作用主要体现在对实体经济的数字化改造上，从质量、效率等方面进行转型提升；在全要素数字化层面，数据的作用进一步体现在对人才、技术、资本等多方面要素市场流转的数字化、智能化改造上，促进全要素的数字化转型提升。

---

① 黄维兵．现代服务经济理论与中国服务业发展[M]．成都:西南财经大学出版社,2003.

第3章 数字产业化典型案例

数字产业化作为数字经济的基础组成部分，围绕数据归集、传输、存储、处理、应用等数据链环节，形成技术、产品和服务等有关产业，主要包括电子信息制造业、软件和信息服务业、信息通信业，以及大数据、云计算、人工智能等新一代信息技术产业。数字产业化是发展数字经济的重要内容，是推动经济高质量发展的重要驱动力，是当前和今后一段时期全球产业竞争和经济角逐的重要战场之一。本章收录部分数字产业化典型集聚模式作为案例，共同探讨数字产业化的建设和发展。

3.1 北京中关村示范区：以软件为核心的科技创新中心

3.1.1 示范区概述

北京中关村科技园区是1988年5月经国务院批准建立的中国第一个国家级高新技术产业开发区。2009年3月，国务院同意在中关村科技园区建设国家自主创新示范区，这是中国成立最早、规模最大的国家自主创新示范区、第一个国家级人才特区，也是我国体制机制创新的试验田。示范区以全球行业巨头总部聚集、中小微企业共生发展的产业生态格局，成为北京市大信息产业的最大聚集区，被誉为"中国硅谷"。

数据显示，2018年，中关村示范区每平方千米的产值高达969.1亿元，单位密度产出居全国领先地位，业已成为我国创新驱动战略体系成果的展示窗口、国际合作与技术转移的关键节点、科技惠及民生的重要源头。2018年中关村示范区高新技术企业实现总收入5.9万亿元，同比增长10.9%，约占全国高新区收入的1/6，占比较2013年提高近2个百分点；实现增加值8 330.6亿元，同比增长12.3%，占全市地区生产总值的27.5%，占比较2013年提高近6个百分点；对全市的经济贡献率由2013年的两成提高到2018年的四成；人均实现收入216.2万元、人均实现税费10.4万元，分别高出国家级高新区整体水平50.7万元/人和1.5万元/人。

3.1.2 生态体系

中关村示范区现已形成一区十六园的跨行政区域高端产业发展格局，具备高新技术成果的研发、辐射、孵化和商贸中心等功能，形成了"一核两极三带"的格局，即中关村核心区，原始创新中心和高精尖产业创新中心的两极，原始创新和技术服务带、战略性新兴产业带、生态涵养发展带的三带；同时，形成了一批产业集群，如新一代信息技术产业集群、生物产业集群、节能环保产业集群、新材料产业集群、新能源和新能源汽车产业集群、航空航天产业集群、高端装备制造产业集群等。

3.1.3 发展经验

（1）融产学研于一体，实现技术成果资源与社会资源的有效结合，集教学、科研、技术、开发、生产、商品、上市于一体，推动高科技的商品化和产业化。

（2）建立多元化投融资渠道。示范区建立了创业孵化、天使投资、境内外上市、代办股份转让、并购重组、技术产权交易、担保贷款、信用贷款、企业债券和信托计划等多元化投融资渠道。

（3）促进相关产业的集群式发展，培育了一大批重点领域的产业技术联盟，形成了互联网、软件、大数据等新兴产业集群。

（4）创新产业政策。例如，鼓励和支持非公有制经济组织的高端人才参与国家和北京市的重大科技专项和重点工程项目，并为企业提供一定额度的配套支持资金。

（5）实施了"十百千工程""高端领军人才集聚工程"，鼓励创业企业做大做强，加快扶持一批产值上百亿元乃至上千亿元的企业。

3.1.4 数字产业化发展

中关村示范区承担了国家重大项目和重大科技基础设施建设，持续引领中国电子信息技术创新和产业发展，在核心电子器件、高端通用芯片及基础软件、极大规模集成电路制造技术及成套工艺、新一代宽带无线移动通信等方面掌握一批关键核心技术；大力发展集成电路、软件等基础性核心产业，重点培育信息服务业、下一代网络、新一代移动通信、数字电视、高性能计算机及网络设备、光电显示等新兴产业群，如以百度、京东、360、滴滴、美团等引领，以人工智能、互联网、大数据、共享经济等软件为核心的数字产业化产业蓬勃发展。目前，中关村示范区拥有全国1/4的人工智能企业，已形成从高端芯片、基础软件到核心算法和行业整体解决方案的完整产业链。全球知名创投研究机构CB Insights发布的"2019年全球AI企业百强榜"中，中关村示范区的企业占5家，同期以色列、英国的企业各有6家，日本有1家。此外，中关村示范区已形成覆盖网络、平台、安全三大体系的工业互联网产业链生态，集聚了东方国信、安世亚太等一批头部企业。2018年中关村示范区有43家企业承担的项目入选"工业互联网创新发展工程支持项目"，约占全国入选项目的一半。

中关村示范区通过将数据要素嵌入支撑实体经济运行的数字化基础设施、硬件基础平台和软件基础平台中，为人才、资本、创新等要素在实体经济中的融合提供了基础环境，并且在一定程度上解决了企业生产经营中的信息不充分或不对称问题，提升了生产效率和经营效益。

在人才方面，2018年，中关村示范区的科技活动人员有 784 720 人，占年末从业人员总数的 29%，且人才呈现高端化、专业化发展特征，高学历人才集聚，硕士及以上学历人员占 1/8。中关村创业大街中有一半以上的创业者毕业于国内"双一流"大学。截至2018年年底，中关村示范区国家级、市级高层次人才约占全国的 1/5；专业化人才领跑全国，拥有天使投资人超 2 万名，占全国的近 8 成；有 13 人入选福布斯发布的"2019年亚洲 30 位 30 岁以下杰出青年"，占我国入选者的 2 成以上；有 15 人入选《财富》杂志发布的"2019 年中国最具影响力的 50 位商界领袖"，占入选者的 3 成左右。

在资本方面，中关村示范区建立了创业投资、天使投资、境内外上市、代办股份转让、并购重组、技术产权交易、担保贷款、信用贷款、企业债券和信托计划 9 条投融资渠道，健全了资本随科技、人才、创新要素流动的机制。目前，境外 43% 和国内 38% 的风险投资基金被投放到了中关村示范区。2018年，活跃在中关村示范区的股权投资机构达 1 800 余家，股权投资案例和金额分别占全国的 1/4 和 1/3。2018 年中关村示范区每家初创企业获得的早期融资平均超过 300 万美元，融资额高于伦敦、东京等区域。

在创新方面，2018 年中关村示范区企业发明专利申请量（5.1 万件）和授权量（2.1 万件）均占北京市企业发明专利申请量和授权量的 6 成以上；PCT 专利申请量（4 596 件）同比增长 25.8%，占全市的 7 成以上。中关村示范区注重培育高价值核心专利，2018 年共有 7 项专利获得第二十届中国专利金奖，占全国的比重超 1/5。在国际标准方面，截至 2018 年年底，中关村示范区企业和产业联盟主导创制的国际标准达 380 项，如高德成为全球首家获得英国标准协会（BSI）颁发的 ISO/IEC27018 国际安全标准认证的电子地图服务商。另外，中关村企业创新能力加速提升，有 8 家企业入选英国知名品牌评估机构 Brand Finance 发布的"2019年全球科技品牌百强榜"，约占全国入选企业的4成。

3.2 上海张江高科技园区：以集成电路和生物医药为主的自主创新示范区

3.2.1 园区概述

上海张江高科技园区始建于1992年，是国家级重点高新技术产业开发区，占地面积约79.9平方千米。

园区内产业发展人才集聚，从业人员近35万人，其中大专以上学历程度从业人员约占56%，博士有5 500余人，硕士有近40 000人。园区有中央"千人计划"人才96人，上海市"千人计划"人才92人，上海市领军人才15人，留学归国人员和外籍人员约7 600人；有国家、市、区级研发机构403家，高校和科研院所近20家，为园区企业发展提供研究成果、技术支撑和人才输送。园区还集聚了数家银行、创投机构，推出了创新性高新技术授信放贷政策，并搭建了创新创业企业的各类服务型平台，支持中小企业和孵化创业企业。

3.2.2 生态体系

张江高科技园区建有国家信息产业基地、国家（上海）生物医药科技产业基地、国家集成电路产业基地等多个国家级基地，形成了以信息技术、生物医药、文化创意、低碳环保为重点的主导产业，其中以集成电路和生物医药产业尤为突出。集成电路产业形成了包括设计、制造、封装、测试、设备材料在内的完整产业链，产值约占全国集成电路产值的1/3。集成电路产业全球30强和中国100强企业中分别有8家和11家在张江高科技园区设立了研发中心。生物医药产业形成了从新药研发、药物筛选、临床研究、中试放大、注册认证到量产上市的完备创新链。园区拥有新药产品超过230个，新药证书超过50个，正在研发的药物品种有近300个。目前，全球排名前10的制药企业中，已有7家在张江高科技园区设立了研发中心，集聚了400余家相关科研机构和研发企业、40余家CRO公司。

3.2.3 发展经验

随着改革创新的深入推进，张江高科技园区推出了"创新十条"政策，在股权激励、国资创投、财税扶持、人才集聚方面加大创新突破力度；深入推进集成电路保税监管改革试点、生物医药合同化生产CMO试点，推进园区空服中心建设，深化张江审批制度改革，推进张江土地"二次开发"和工业用地转型，探索建设张江信用体系，争取更多的改革试点在张江先行先试。

3.2.4 数字产业化发展

与中关村类似的是，张江高科技园区是一个科技产业集聚的园区；不同于中关村的是，张江高科技园区实现了完全从0到1的兴建——1992年7月张江高科技园区开发公司成立时，张江高科技园区只是上海市郊的一片荒地。

政府政策引导是其能成立并发展的最重要原因，在发展过程中，张江高科技园区在主体定位不变的前提下，进行了若干次转型，包括重点扶持企业的类别、园区运营方式等的转型。

1994年1月7日，瑞士罗氏制药正式与张江高科技园区签约，成为首个入驻张江的客户，自此张江"药谷"的历史正式开启。而在国内科技产业高速发展的背景下，张江高科技园区及时调整方向，推出了系列措施吸引智能制造、物联网、消费升级等相关新经济公司入驻，打造了"医"和

"E"两大产业集群。

在政策支持、人才集聚、产业升级和资本助推等多重因素的作用下，包括阅文集团、趣头条、盛大网络、沪江网校、111集团、中兴国际、华虹宏力、中国商飞、微创医疗、达观数据、七牛云、展讯通信、格科微电子、环旭电子、日月光、宝信软件、印度INFOSYS、TATA、喜马拉雅等在内的众多数字经济企业都在上海张江落地安家并成长壮大，张江高科技园区也因此与中关村一起被冠以"北中关，南张江"的名号。

从1992年7月成立时的一穷二白，到如今构筑起生物医药创新链、集成电路产业链和软件产业链的框架；从以吸引外资企业为主到大力扶持本土高新技术公司，张江高科技园区的自身发展也是一部创业史：它似一个窗口，浓缩了中国科技产业的进化图景。

3.3 深圳南山科技园：以技术创新为驱动的新经济中心

3.3.1 园区概述

深圳南山科技园于2001年投资60亿元建设，总面积为300万平方米，是集高新技术的研发、高新技术企业的孵化、创新人才的吸纳与培育于一体的国家级大学科技园。

3.3.2 生态体系

南山科技园是"国家知识产权试点园区""国家高新技术产业标准化示范区""国家海外高层次人才创新创业基地""国家新型工业化产业示范基地"，以新一代信息技术、互联网等产业集群为核心，大力发展生命健康、航空航天等产业集群。

3.3.3　发展经验

南山科技园营造了宽松的创新环境和"官产学研资介"相结合的区域创新体系。为吸引国内外名校和科研院所来深圳进行科技成果转化、产业化、创业孵化和高层次人才培养，1999年深圳市委市政府就建立了深圳虚拟大学园，汇聚了53所海内外著名院校和103个国家级科研机构，建设了"深圳虚拟大学园重点实验室平台"，为企业技术创新提供支撑。

3.3.4　数字产业化发展

南山科技园自创建以来，不断完善高新技术产业链：南山科技园高新区已形成了通信产业群、计算机产业群、软件产业群、光机电一体化产业群等。整个产业园区规模不断扩大，经济效益和社会效益同步增长，汇聚和培育了一批产业优势突出的骨干企业，年销售额超亿元的企业有153家，经认定的国家高新技术企业有540家。2016年全国100多家"独角兽"企业中南山科技园的企业占11家，包括光峰光电、碳云智能、分期乐等。其中，数字产业化行业巨头带动了产业集聚发展，园区内集聚了华为、中兴通讯、金蝶软件、腾讯、大疆、神舟电脑、康佳、方大、飞亚达等数十家数字经济龙头企业。

3.4　武汉光谷：以光电子产业为主导的自主创新示范区

3.4.1　园区概述

武汉东湖新技术开发区于1988年成立，1991年被国务院批准为首批国家级高新区，2001年被原国家计委、科技部批准为国家电子产业基地，即武汉·中国光谷（以下简称"光谷"），规划面积518平方千米，发展光电子信息、生物、智能制造与新能源、现代服务业、集成电路、半导体显示产业、"互联网+"、云计算、人工智能产业，规划建设了光谷生物城、光谷未来科技城、光谷东湖综合保税区、光谷光电子信息产业园、光谷现代服务产业园、光谷智能制造产业园、光谷中华科技产业园、光谷中心城八大专业园区。

3.4.2　生态体系

武汉光谷是国家电子产业基地、国家服务外包基地城市示范区、国家生物产业基地、国家自主创新示范区、中央企业集中建设"人才基地"之一、东湖国家级文化和科技融合示范基地、大众创业万众创新示范基地，形成了光电子信息、生物医药、高端装备制造、新能源与节能环保、高技术服务业五大主导产业，以及集成电路和数字经济两大新兴产业的"5+2"产业结构，打造了"芯片—面板—终端"万亿级高端消费电子产业集群、光电子产业研发集群、集成电路产业研发集群、云计算大数据产业研发集群、新能源环保产业研发集群、空间信息产业研发集群、高端装备产业研发集群等。2016年武汉光谷总收入突破5 000亿元，光通信、激光、光电器件、新一代显示技术、半导体照明、地球空间信息产业在全球具有重要影响力。

3.4.3　发展经验

（1）完善的科技成果转化体系。光谷围绕科技成果转化需求，出台了"黄金十条""创业十条""科技十条"系列新政，在鼓励教师离岗创业、科技成果处置、支持新型产业技术研究院建设、集聚风险投资等方面形成了突破，武汉大学、华中科技大学、武汉理工大学等10多所高校先后出台相应的实施细则，推动了一批科技成果资本化、产业化。

（2）科技成果转化改革力度大。光谷开展科技成果所有权、处置权和收益权"三权"改革，明确将"三权"下放到科技人员和创新团队手中，将收益比例提高到70%以上，最高可达99%，包括校企在内建立研发机构，每年最高可领1 000万元研发补贴。

（3）完备的产业发展金融支撑体系。光谷每年安排大规模专项资金，支持招商引资和招才引智，围绕东湖高新区产业链、创新链的关键领域，由企业、产业联盟、新型研发机构等推出需要解决的重大应用研究研发项目，面向全球招标，寻找项目研发人员和团队，集聚的创投机构、证券公司、保险公司、担保机构等各类金融机构和金融服务机构总量已达2 000家。其中，科技支行有24家，股权投资机构超过1 000家，创新型要素市场有16家，金融后台企业有40家。园区集聚了天风证券、长江财险、湖北金租、当代金控等一批金融机构总部，累计开展创新型贷款超过1 000亿元，服务科技中小企业超过8 000家次，包括上市公司36家、新三板企业130多家、四板挂牌企业3 000多家。

（4）特色产业明显。在光电子产业方面，光谷的光通信、激光、光电器件、新一代显示技术、半导体照明、地球空间信息产业在全球具有重要影响力。

3.4.4 数字产业化发展

目前，光谷已集聚互联网企业1 800余家，形成了网络直播、互联网+汽车、互联网教育、网络安全等特色产业，培育了斗鱼网络、安天信息、颂大教育等一大批在国内有影响力的互联网企业，集聚了小米科技、科大讯飞、小红书等近30家一线互联网企业的第二总部，涌现出斗鱼网络、奇米网络、斑马快跑、尚德机构4家独角兽企业。360、滴滴、蔚来新能源、海康威视、沪江网校、跟谁学、猿辅导等互联网企业（或曾经有影响力的企业）纷纷落户光谷。

第4章　产业数字化典型案例

　　产业数字化是数字经济的核心组成部分，通过资源和要素的在线化，平台主导的创新生态系统实现了数据的实时在线和共享，自动化、模式化、持续不间断地获取的数据成为驱动经济增长的"关键生产要素"。弗里曼和佩雷斯认为"关键生产要素的变迁是推动经济增长的原生变量，具有生产成本的下降性、供给能力的无限性和运用前景的广泛性三个方面的基本特征"[①]。数据的产生虽需要较高的成本投入，但其复制和传播成本较低，边际成本几乎为零，且连接即可产生数据，广泛应用和数据累积的作用相互加强，是典型的"关键生产要素"。历史上，每一次科技产业革命多会带来核心技术的变化，引起新的产业群体产生，进而导致该历史时期关键生产要素的变化。当前，在发展数字经济的大趋势下，"关键生产要素将作为廉价投入要素融入经济和社会生活的方方面面，成为特定阶段经济增长和发展的引擎"[②]。

　　在产业数字化模式下，数据可复制、可共享、无限增长和供给的禀赋，克服了传统生产要素的资源总量限制，形成了规模报酬递增的经济发

---

　　① 弗里曼,卢桑.光阴似箭:从工业革命到信息革命[M].沈宏亮,译.北京:中国人民大学出版社,2007.

　　② 刘刚.基于网络空间的资源配置方式变革(上)[J].上海经济研究,2019(5).

展模式，使持续增长和永续发展成为可能[①]。当前，我国已进入经济高质量发展的新时代，以数字经济为代表的"新经济"无疑是推动经济高质量发展不可或缺的重要力量[②]，其中的关键就在于数据生产要素对实体经济特别是传统制造业的信息化支撑与改造。依托互联网技术的不断创新，打造数字经济与实体经济的深度融合，是提升实体经济的全要素生产率，重塑业态结构，培育新市场、新模式和产业新增长点的全方位变革。近年来，我国数字经济的发展速度基本上保持20%以上的年增幅，已成为排在美国之后的世界第二大数字经济体，多数省市的数字经济产值占本省市地区生产总值的比重亦逐年提高。

可以说，以产业赋能促高质量发展、以产业升级促动力转换，是当前促进我国经济跨越式发展的重要引擎。本章结合对互联网、大数据、人工智能和农业、工业、服务业等领域深度融合的典型案例调研发现，当前我国在以信息化培育新动能、以新动能推动新发展方面探索出了很多成功经验：一是推进质量变革，以数字化提升实体经济供给体系质量；二是推进效率变革，以数字化促进实体经济要素高效流通；三是推进动力变革，以数字化加速实体经济新旧动能转换。

4.1 现代农业数字化转型典型案例

作为我国的第一产业，农业在国民经济中是一个重要的部门，支撑着国民经济的建设和发展。一方面，改革开放以来，中国大力发展农业，随着科技水平的提高，农业发展取得长足的进步。国家统计局数据显示，中

---

① 李清彬. 推动大数据成为理想的生产要素形态[J]. 中国发展观察,2018(15).
② 任保平,何苗. 我国经济高质量发展的困境及其路径选择[J]. 西北大学学报:哲学社会科学版,2020(1).

国农林牧渔业总产值在近10年不断攀升，2019年达到123 967.9亿元，年均增长率在9.15%左右。

但另一方面，中国农业也面临着农产品需求增长、自然资源退化、生产力增长乏力、生产经营规模小、劳动成本上升、自动化与集约化程度偏低、经营管理较为粗放等巨大挑战，缺乏市场核心竞争力。数字技术的不断进步及其与农业的不断融合，为我国农业的发展提供了重要契机。现代农业数字化转型是未来发展趋势，主要包括农业物联网、农业大数据、精准农业、智慧农业等。

新时代是数字的时代，数字化是农业的未来。我国高度重视数字农业农村发展，先后发布了《促进大数据发展行动纲要》《数字乡村发展战略纲要》等政策性文件。《促进大数据发展行动纲要》要求"农业资源要素数据共享"，《数字乡村发展战略纲要》要求"发展农村数字经济"。农业农村部也相继印发《"互联网+"现代农业三年行动实施方案》《关于推进农业农村大数据发展的实施意见》《"十三五"全国农业农村信息化发展规划》等文件，推动数字农业发展落地见效。大力发展数字农业已经成为我国推动乡村振兴、建设数字中国的重要组成部分。

近年来，我国农业与数字新技术加快融合，农业数字化水平不断提高，突破了一批关键技术，开发出一批实用的现代农业数字化产品，建立了网络化农业数字技术平台，愈发呈现不可阻挡的蓬勃发展态势。特别是在这次疫情应对中，以阿里数字农业为代表的新产业、新业态、新模式异军突起，对维护农产品供应链畅通、促进供给与需求良性联动和稳定国民经济全局中农业的"压舱石"地位发挥了重要作用。数字农业发展的实践表明，农业数字化不仅给我国农业技术带来了革命式的进步，提升了农业生产效率和农产品供应质量，实现了精准管理，还带来了经营理念的革新和消费观念的深刻变化，极大地促进了我国农业生产流程再造、产业生态再造和市场格局再造，加速了新旧动能转换。具体而言，数字化促进农业产业生态化，实现融合发展。农业是开放程度较高的产业之一，这不仅表现在农业资源统筹与市场的全球性方面，还表现在农业与第二、第三产业及新兴产业的衔接性方面，农业自身发挥了产业载体的重要作用。数字新技术的出现和广泛应用，极大地拓展了农业的产业链条和发展空间，重塑了农业的基础地位和作用，不仅促进了农业内部的一二三产业融合，以及农业与外部相关产业的接续，还以此为基础，形成了一系列新产业、新业态、新模式，构建了一个以农业为载体、以数字新技术为依托的全新产业生态体系。

本部分选取了阿里"盒马村"、寿光"智慧农业"、郓城"e品好郓"、泰安"神农智谷"四个农业数字化转型的典型案例，旨在展现当前国内农业数字化的路径与经验。

4.1.1 以数字技术为依托打造"盒马村"，阿里巴巴助力传统农业转型升级

面对"农业生产效益低、市场对接难、未来谁来种地"的三大难题，各方应如何突破？阿里巴巴集团（以下简称"阿里"）依托数字农业技术打造"盒马村"项目，其典型特征是利用大数据技术武装小农户，打通生产决策、田间管理、加工分选、精准营销等全产业链条，帮助小农户找到大市场。在生产组织端，利用大数据洞悉市场需求，帮助农户进行科学生产决策，把分散、孤立的生产单元升级为规模化、标准化的数字农业基地。在产销对接端，"盒马村"项目推动农产品加工、分选、营销全链路数字化，孵育优质品牌，实现精准对接。从运行效果看，"盒马村"不满足于农产品电商单链条的做大做强，而是着力于解决生产对接、经营对接、加工对接、流通对接和市场对接等根本性问题，运用数字技术和理念，形成全产业链的集成与带动。这种模式，把分散的小农户便利化和高效化地组织起来，把看不见的市场信息透明化和公开化，把小农户与大市场的被动博弈变成主动化和公平化，打破小农户与现代农业之间的壁垒和藩篱，实现其与现代农业的有机融合。

目前，阿里共在全国落地 1 000 个数字农业基地。疫情期间，在上

海、山东、四川、广东等地，"盒马村""盒马县"也陆续出现。上海首家"盒马村"——阿里巴巴翠冠梨数字农业基地——有近50项高科技设备加持，农民只需操控手机屏幕，无人机就"放飞自我"做低空植保，水肥一体化设施会自动配液"挥汗如雨"，实现用手机种田，产出的高品质翠冠梨直供盒马门店。据评估，待翠冠梨上市，每亩产值将超过1.5万元。落户在浦东航头镇的盒马产业基地是一个集全自动立库、自动存储输送、分拣加工于一体的加工配送中心，拟于2022年投产使用，年营收将超100亿元，服务上海各大盒马门店。此外，盒马还分别与浦东新区农业农村委和航头镇就特色农产品产销对接、"盒马村"建设签署战略合作框架协议，三方合作深化落实乡村振兴战略，共同打造"盒马村"、数字农业示范基地和订单农业生产基地，带动集体经济发展，促进农民就业增收。2020年6月29日，农业农村部与阿里达成战略合作协议，双方将合作建立更多连接物联网的数字农业基地，数字农业基地的典型代表即"盒马村"。2020年6月30日，阿里宣布在全国建设五大产地仓，并在多个省会城市打造20余个销地仓，"产地仓+销地仓"模式组成一个数字化的农产品流通网络，一年可支撑100万吨生鲜农产品送往全国餐桌。7月8日，淄博市宣布与阿里合作共建数字农业农村示范城市（"盒马市"）。这是阿里在数字农业领域的又一大动作——将在山东淄博筹建数字农业产业中心。另外，阿里在全国布局的五大数字农业集运加工中心（以下简称"产地仓"）之一，也将落户淄博，这是中国北方大型数字化产地仓。

从阿里"盒马村"的实践看，数字技术在农业生产领域大有潜力。一方面，阿里正在布局全产业链的农业数字化应用，从以农产品电商为代表的销售领域向农业产前、产中、产后的全产业链升级延伸，并向农业相关产业跨界融合及拓展。另一方面，阿里充分调动数字技术资源，从传统的互联网技术运用加快转向大数据、物联网、人工智能、区块链、云计算等多种数字技术的产业嵌入。数字新技术被引入农业生产环节，通过电子农情监测、传感和数据分析等智能手段，辅助农民进行科学决策，帮助农业投入品精准投放、生产过程精准控制、农产品全程可追溯和全环节精益化管理，实现标准化生产、集约化经营和资源高效利用，促进农业全要素生产率提升。

阿里"盒马村"在建设和运营的过程中，产生大量有用的农业数据信息，这是宝贵的经济资源。其不仅包括农业生产主体、农业资源区划、农业产业分布、农产品品种资源、农村集体产权等海量数据，还产生大量瞬息万变的动态市场信息。这些数字化产品不仅服务农业生产经营，还孵化和衍生其他产业。农业数据与工业相结合，形成更加广泛和强大的工业物联网系统，扩大工业物联网覆盖范围；农业数据与服务业相结合，促进乡村旅游、休闲养老、农村文化等产业精细化发展；农业数据与金融相结合，孕育农业保险、农村金融、农产品期货等现代农村金融服务产业。数字农业发展，不仅延展了农业自身的发展布局，更为重要的是为其他各产业提供了广阔发展的蓝海。

4.1.2 以现代科技为支撑开展"智慧农业"，山东寿光促进蔬菜产业转型升级

作为中国冬暖式大棚发源地，寿光的蔬菜生产一直走在国内的前列，被称为"中国蔬菜之乡"。近年来，寿光市以建设智慧农业为目标，大力开展"互联网+"行动，积极推进物联网、大数据、云计算、移动互联等信息技术的融合与应用，为现代农业发展提供了强有力的支撑，被认定为全国农业农村信息化示范基地。

1）物联网引领智慧农业发展

（1）推进物联网基地建设

寿光市的蔬菜生产实施水肥一体化（微喷自动化和滴灌自动化），应用物联网智能管控设备智能管控大棚。例如，在寿光蔬菜产业控股集团有限公司蔬菜园区（如图4-1所示），建设有 10 000 平方米的智慧蔬菜温室，安装了土壤水分、电导率、土壤温度一体化多参数感知设备，空

气温湿度、太阳辐射、二氧化碳一体化多参数感知设备，温室环境控制装置，水肥智能控制装置，一体化无线网络传输等系列设备。通过系列物联网技术的应用，蔬菜园区基本实现了标准化生产的集中管控和自动控制，大幅度提高了劳动生产率和蔬菜质量。园区每亩增产650千克，产量提高5.4%，成本降低2410元，降幅达11.8%；每亩经济效益增加4197.5元。

图4-1　寿光市物联网蔬菜大棚

（2）推广和发展蔬菜"云棚"

通过在蔬菜大棚内安装各类传感器、数据采集终端设备，蔬菜大棚内的实时数据可上传到农业大数据平台。通过对采集的信息进行过滤、融合、汇总、分析，"云棚"可以为蔬菜种植、病虫害防治提供最佳解决方案，同时可以自动控制大棚内的水肥一体化、通风、调光等设备，为作物提供最佳生长环境，促进蔬菜提质增效。"云棚"打破了时空与地域的限制，农户可以通过手机实时监控大棚内的蔬菜生长，可以远程控制大棚的施肥、浇水、调光、控温，实时与全国各地的农业专家就蔬菜生产管理进行远程交流和互动。

3. 物联网技术开发和设备改造

为了加快物联网技术的推广进程，寿光市依托本市现代农业高新技术集成示范区，联合多家企业，结合寿光蔬菜产业发展需求，在深入调研的基础上，研制开发了一系列技术先进、性能稳定、简便高效的物联网设备，如温室宝宝、大棚小喇叭、水肥一体化净水磁化设备、高感知传感器、高效无线传输、高精准定位等设备和技术，有效提高了大棚物联网系统的稳定性和数据采集的准确度，降低了用户成本，进一步加快了物联网技术的普及推广。

2）大数据助推智慧农业建设

（1）建设寿光市农业智慧监管与服务公共平台

寿光市推进大数据、云服务在农业全产业链中的应用，开发建设寿光市农业智慧监管与服务公共平台，利用互联网技术和现代信息技术，对全市蔬菜大棚、土壤检测、农资经营店、农产品物流园、1 020家蔬菜市场、21家"三品"基地、6家大型超市（市场）和15处镇街检测室的种植、交易、追溯、检测信息进行自动采集和数据化管理、分析、应用，实现了产前、产中、产后的全程监控，打造了"流通千万里、追溯零距离"的高效透明监管模式。

（2）建设辐射全国的蔬菜大数据中心

2018年4月，农业农村部和山东省政府确定联合在寿光市设立全国蔬菜质量标准中心。结合中心建设，寿光市开发建设辐射全国的蔬菜大数据中心，当前已开发完成了农业大数据集成版，在全国设施蔬菜产区推广应用，通过分布式系统采集数据，再统一传输到寿光市的蔬菜大数据平台，供平台分析应用；同时，将寿光在全国各地建设的蔬菜园区、基地，统一纳入大数据平台采集系统中，形成覆盖全国的蔬菜大数据中心。与全国各蔬菜产区开展产地环境、种植、流通等数据的互联共享，实时掌控全国各地的蔬菜种植和交易数据，在此基础上，优化提升或牵头制定各个品类蔬菜的种植标准，实现从种蔬菜、卖产品到融数据、定标准的转变。

（3）开发区块链农产品质量追溯平台

在实现覆盖全市农产品质量的二维码追溯的基础上，寿光市应用物联网、云计算和区块链等技术，开发建设了区块链追溯系统，将蔬菜生产、加工、运输、交易等一系列环节信息上链，充分利用区块链不可更改的特性，确保蔬菜每条信息都是特有的，附有数字签名和时间戳，上链信息不可篡改、真实可靠。寿光市古城街道的一位农民将其打造的"80后回味"品牌番茄纳入了"一物一码区块链农产品追溯系统"，种植全过程都可以追溯，每个番茄都有独一无二的"身份证"。

（4）建设中国寿光蔬菜视频云校

为更好地推广标准化生产技术，提升蔬菜品质，2018年以来，寿光市开发建设了中国寿光蔬菜视频云校，利用云播技术，实现课件点播、线上直播、远程诊断、实时互动等功能，让农业专家依托云技术指导农业生产的全过程，实现与农民的常态化对接、面对面指导、零距离服务，把寿光先进的蔬菜生产技术推向全国。

3）农业电商激发智慧农业活力

（1）农业电子商务平台建设

①建设寿光市生鲜溯源交易平台。寿光市立足农产品网上交易与质量追溯，利用信息技术，开展农产品产销对接、订单交易，全程加入质量监管与追溯系统，通过准入机制、溯源机制、检测机制、信用机制等，实现从农田到餐桌的全方位监管，确保通过平台交易的每一件农产品的质量安全。

②优化仓圣网蔬菜生鲜交易平台。2016年10月，仓圣网蔬菜生鲜交易平台全面改版上线，建设开展全国性服务的B2B2C平台模式，全力打

造寿光本地样板，实践探索模式的更多可能性。

③推进蔬菜种苗电商平台建设。引导新世纪种苗、鲁寿种业建立种子种苗网络交易平台，实现从订苗到配发全流程网上服务。

④推进农资电商平台建设。东方誉源公司根据寿光蔬菜发展情况开发了"种好地"App，大地宏琳与诺普信合作"田田圈"，实现手机农业技术服务和农资销售相结合。

（2）发展智慧型批发市场

寿光市发展农产品物流园、果菜批发市场两大智慧批发市场，应用电子结算系统、智能交易系统、农产品追溯系统等，推进了农产品产地、交易价格、数量、流向实时可见，质量可控。

（3）发展农产品电子商务

寿光市依托蔬菜产业和发达的物流优势，培育了一批以经营蔬菜、种子种苗和阳台蔬菜等为主的新型农业电商企业，寿光市爱家农业有限公司在京东商城设立寿光特产馆，利用京东商城高端品牌优势，销售寿光市各类特产及新鲜果蔬。寿光市问天种业有限公司在淘宝注册网店，以小菜园与室内阳台的种植爱好者作为主要客户群，经营销售各种蔬菜种子种苗。2019年，寿光蔬菜官方旗舰店入驻天猫。

（4）建设农村电商服务中心

寿光市与阿里巴巴集团合作建设"农村淘宝"项目，全国规模最大的"农村淘宝"项目——寿光服务中心——已建成投用，并配套建设了124个村级站点。洛城街道携手乐村淘公司，在所有村建设了电商服务中心，为村民提供电商和政务服务。双王城经济区寇家坞四村、侯镇草碾子村等4个村成为全省首批"电商示范村"。

4）"线上菜博会"助力智慧农业走出去

2020年5月30日，寿光市发布第二十一届中国（寿光）国际蔬菜科技博览会暨2020中国（寿光）国际蔬菜种业博览会成果，同时宣布"线上菜博会"正式上线、"寿光蔬菜馆"正式开馆。时任寿光市委副书记李永光介绍，会期共有262位媒体记者到会进行深入采访报道，媒体总曝光量达5.15亿人次，全景VR浏览参观人次达到180.7万，达成合作意向80项，交易额达6.1亿元。

受新冠肺炎疫情的影响，该博览会贯彻中央"创新展会服务模式"的部署要求，大胆探索，围绕"展示形式、场地设置、展示内容、交易模式"四个方面求新、求变，蹚出了一条"线下办展、线上观展、线上欣赏、线下品尝"的线上、线下互动互融、相得益彰的办展新路子，打造了能参展、能观展、能交易的"网上展会"。大会以"绿色·科技·未来"为主题，以服务"三农"为目的，以现代农业科技为支撑，按照突出特色、坚持创新、注重实效的总体要求，通过展位展示、实物种植与蔬菜文化相结合，打造市场化农业展示交流平台。

4.1.3 以农业电商为引领开发"e品好郓"，山东郓城推进县域经济跨越发展

山东省菏泽市郓城县历史悠久，文化底蕴深厚，是千年古县，总面积1 643平方千米，总人口128万，是传统农业大县。郓城是水浒故事的发祥地和著名的"武术之乡""戏曲之乡""书画之乡""古筝之乡"。郓城产业资源丰富，连续多年获"全国超级产粮大县"称号，鲁西黄牛驰名中外，小尾寒羊被誉为"世界明珠""中华国宝"，仲堌堆西瓜酱上榜央视《舌尖上的中国》，明代贡品"郓半夏"被列为国家地理标志产品，全县农产品品牌达到262个，认证"三品一标"的农产品有143种，新增国家地理标志证明商标7个、山东省著名商标11个、山东名牌13个，并成功打造了"好郓来"农产品公用品牌，形成了设施蔬菜、食用菌、花卉苗木、特色林果、精品水产等八大特色农业产业集群（如图4-2所示）。

图4-2 郓城县品牌发布会

近年来，郓城县紧紧把握"互联网+"时代带来的重大发展机遇，自2015年起县财政每年列支500万元电子商务发展专项资金，大力培育电子商务作为新的经济增长点，创造出政府引导、市场主导、全民参与的农村电商发展"郓城样板"。目前，郓城县建设并正式运营郓城县电子商务公共服务中心1处，免费入驻和孵化了超过20家电商企业，实现对全县服务站点、物流、扶贫、溯源等电商工作的有效管理；签约17处乡镇服务站，建设完成282处村级电商服务站，与五星商贸、供销e家、中国农业银行、金丰公社、绿禾农业等企业单位签订合作协议，为电商服务站提供各类增值业务服务，实现工业品下乡、农产品上行和便民服务功能，形成县乡村三级电商公共服务和物流配送体系。全县拥有淘宝村23个、淘宝镇2个，省级电子商务示范企业1家，市级电子商务示范企业4家，电商企业3 690家，互联网品牌56个，活跃店铺9 000家，从业人员2.3万人，中国邮政、供销e家、农村淘宝、京东等电商服务站点2 300多个，成功举办第五届中国淘宝峰会论坛郓城分论坛，先后成为山东省首批电子商务示范县、菜鸟网络全国首个县域智慧物流中心、山东省农村电子商务标准化试点、山东省淘宝直播"村播计划"试点县，农村地区发展电子商务直接或间接受益人口超过30万人。

郓城县结合国家电子商务进农村示范县建设和数字经济特点，设计开发了"e品好郓"电子商务公共品牌体系，作为"好郓来"农产品公用品牌在数字经济领域的延伸，成为"好郓来"电子商务专属子品牌。"e品好郓"中的"e"是汉字"一"的谐音，亦可解释为"一品"，有上乘、最好的产品的寓意。它整合了全县数字经济领域特色产品资源，为全县40余家电商企业授权，形成了系统的品牌开发应用体系。实现农特产品统一包装、统一品牌、统一宣传、统一销售，提升农产品品牌附加值，促进农产品标准化上行。"e品好郓"电商区域公用品牌已成为引领郓城农业、特色产业发展的航标，为实现行业融合发展、形成整体合力提供品牌保障，为区域经济和社会民生跨越式发展增添强劲动力。2019年，郓城县电子商务交易额和农产品网络零售额年增长30%以上，全年电子商务交易额达到420亿元。数字智慧赋予郓城县域电子商务腾飞的力量，助力郓城打造"突破菏泽"先行区，为其早日跨入全省县域经济发展第一方阵再添新力。

4.1.4 以资源整合为纽带打造"神农智谷"，山东泰安加速推动新旧动能转换

泰山神农智谷大数据产业园（以下简称"园区"）位于泰安高新技术产业开发区，园区占地面积210亩，总投资35亿元，总建筑面积432 600平方米，分商务区及配套住宅区两大片区，商务区建筑面积226 800平方米，布置有数据中心、数据学院、会展中心、商务酒店、人才公寓等单体建筑。

2016年，园区被列入《泰安市人民政府办公室关于加快推进云计算和大数据创新发展的实施意见》《泰安市软件和信息技术服务业转型升级

实施方案》重点推进项目，《山东省"十三五"战略性新兴产业发展规划》《山东省"十三五"服务业发展规划》重点项目，以及2018年山东省重点建设项目和山东省新旧动能转换重大工程实施项目。

园区采取"政、产、学、研、用"混合所有制合作模式，坚持"基金+基地+人才+项目"的商业模式和个性定制、多元投资、联合运营、主体可控的运营模式，以建设区域性农业大数据资源中心为依托，开展大数据咨询服务、数据交易服务、政府购买服务；围绕大数据产业链形成物联网、云计算、智能制造、人工智能等专用软件开发、平台构建的研究基地；围绕大数据人才培养，建成大数据人才培训基地；以大数据技术、产品、产业为主线，打造大数据产业集群。

园区整合国内外资源，与微软、甲骨文、腾讯、紫光集团、信通院、软通动力、北京易捷思达、尚农智库等几十家国内外知名厂商和机构合作，共建微软应用孵化平台、微软IT学院、甲骨文大学、腾讯慧聚（大数据支撑平台）、慧眼大数据平台、云计算重点实验室、智能制造研究院、创新创业大学、创业加速器等。园区联合中关村大数据产业联盟、农业大数据产业技术创新战略联盟、中国云计算市场与应用联盟等多家机构进行资源共享，共同在农业大数据领域进行产业数据聚集、数据分析，探寻数据规律和价值。

为了更好地服务企业，园区联合政府引导资金与国内外多家投资机构成立投资20亿元的大数据发展基金，为园区入驻企业提供全程金融服务。园区建设完成后，可实现年产值100亿元，年税收10亿元以上，建立国内领先的行业数据中心5个；引入建成国家级重点实验室、省部级重点实验室3个；引进、孵化高端服务信息企业20家、软件研发企业50家；孵化和引进芯片、物联网传感器、信息化基础设施生产、数据挖掘和管理企业300家。

园区以建设国家农业大数据产业示范区和国家农业大数据资源分中心为目标，将成为现代农业发展的支撑保障基地，成为创造就业、承载企业、技术升级、产业联动的新旧动能转换示范基地和推动农业大数据产业发展的核心区、辐射区。

4.2 现代工业数字化转型典型案例

制造业作为国民经济的主要支柱，也是实体经济的基础、主体、命脉，是立国之本、兴国之器、强国之基，是新时代中国"创新驱动、转型升级"的主战场。习近平总书记多次强调，我国经济是靠实体经济起家的，也要靠实体经济走向未来，不论什么时候，实体经济都是我国经济发展和在国际竞争中赢得主动的根基，必须始终高度重视发展壮大实体经济，抓实体经济一定要抓好制造业。

中华人民共和国成立70多年来，我国制造业实现了"由小到大"的转变，目前拥有全球最完整的产业体系和不断增强的科技创新能力，有力推动了国家工业化和现代化进程，显著增强了综合国力，对我国成为世界大国形成重要支撑。目前，中国已经建立了全球规模最大、覆盖最广的制造业体系，但先进制造业仍然存在规模和技术上的不足。当前，新一轮产业变革正加速兴起，我国制造业正处于由大变强、爬坡过坎的关键阶段，必须坚定不移地贯彻新发展理念，探索形成融合、转型、创新发展的理论体系和方法，推动新一代信息技术和制造业深度融合，大力发展先进制造业和智能制造业，推动制造业高质量发展。

国家十分重视制造业的转型升级，自2015年以来，先后出台了《中国制造2025》《机器人产业发展规划（2016—2020年）》《关于深化制造业与互联网融合发展的指导意见》《信息化和工业化融合发展规划（2016—2020年）》《智能制造发展规划（2016—2020年）》等重要文件，加快推进制造业数字化转型。习近平总书记多次强调："要着力推动互联网和实体经济深度融合发展，以信息流带动技术流、资金流、人才流、物资流，促进资源配置优化，促进全要素生产率提升，为推动创新发展、转变经济发展方式、调整经济结构发挥积极作用。"在这些政策的指引下，未来制造业的数字化转型将进一步深化，制造业将成为发展数字经济的主战场，数字化转型也将成为推动制造业高质量发展的主要路径、效率提升的必然要求和新动能转变的重要抓手。

本部分选取了华为FusionPlant、阿里云supET、海尔工业互联网等7个数字化转型的典型案例，旨在展现当前国内制造业转型的路径与经验。

4.2.1 以数字化为支撑推动业务创新，中国一汽携手"懂行人"华为跑出"加速度"

在5G、云计算、人工智能等新技术的推动下，汽车产业正加速拥抱新能源、自动驾驶、智能网联等新趋势，向着电动化、网联化、智能化、共享化方向加速转型。汽车企业原有的商业模式、业务模式、生产方式也正在被颠覆和重塑。

作为"共和国汽车长子"的中国一汽（中国第一汽车集团有限公司，以下简称中国一汽），一直以"强大中国汽车产业"为使命。面对汽车产业的变革，中国一汽也在寻求以数字化为核心支撑，以"数字驱动美妙出行"为愿景，以"业务赋能、产品智能、生态智慧、数据增值"为目标，通过产品的数字化和企业运营的数字化，构建数字化企业。

为此，中国一汽携手行业数字化转型的"懂行人"华为，不仅构建起坚实的云计算基础设施，还在高性能计算助力研发创新、5G助力智能工厂、打造"车路协同"联合解决方案等方面取得了一系列进展。这些举措也让中国一汽在数字化转型的赛道上一骑绝尘，并为未来集团的转型升级奠定了基础。

1）汽车产业转型加速 构建数字平台成关键

自1885年卡尔·本茨发明第一台现代汽车以来，汽车产业从未像今天一样成为如此多种技术变革的交汇点，涉及能源、交通、通信、计算机等诸多行业。尤其在汽车"新四化"的趋势下，汽车产业正面临百年未有之大变局。面对这一趋势，汽车产业借助数字化转型来应对变革已经成为产业共识。

具体来说，数字化转型可以在以下三个层面重塑汽车产业：首先，在产品层面，汽车将从机械终端变为智能移动终端，不仅具备硬件形态，还拥有丰富的软件系统，可以实现自动驾驶、智能互联等一系列功能；其次，在销售层面，过去以线下加盟4S店为主的销售模式，将转变为线上+线下双触点模式，车企也将直接参与客户沟通，并运营客户社群；最后，在产业层面，音乐、广播等数字内容提供商，如MDC、雷达、T-BOX等设备的ICT厂商也加入汽车供应链，并占据重要地位。

作为我国最大的汽车企业集团之一，中国一汽经过60多年的发展，已经形成了多品种、宽系列的全方位产品布局，构建了立足东北、辐射全国、面向海外的开放式发展格局。为了持续落实事业领先计划，引领中国汽车产业发展，中国一汽也在积极推动自身的数字化转型，努力成为世界一流的移动出行服务公司。

在研发上，中国一汽重点建设基于3D模型的协同设计和仿真平台；在制造上，中国一汽搭建了基于5G的工业互联网平台；在营销上，中国一汽围绕客户消费全过程，构建其覆盖用户、经销商、营销、管理、出行的统一客户生态云平台。

而在企业运营上，中国一汽则通过开展大数据分析与应用，构建起集团数据中台，并以中台为核心，以数据为引擎，加速推进所有业务全面数字化、价值化、创新化，从而实现业务赋能、产品智能、生态智慧、数据增值，全面驱动集团转型和创新。

一栋摩天大楼，如果没有坚实的地基作为支撑，大风给大楼带来的横向摇摆和地震所产生的震动足以让其在顷刻间崩塌，企业的数字化建设也是如此。因此，中国一汽在推动核心业务数字化的同时，也在加强与"懂行人"华为的合作，大力开展数字化平台建设。

据了解，数字化平台作为企业数字化转型的引擎，主要由以下四个层面组成：一是融合公有云和私有云、网络、存储等IT基础设施的混合云平台；二是以云技术为基础、敏捷化的技术开发平台及工具链，支撑应用开发的快速迭代；三是以中台为核心的数字化应用服务平台；四是面向用户的研发、制造、全业务链的业务应用系统和数据应用场景。

2）牵手"懂行人"共同打造坚实数字底座

中国一汽与华为的合作由来已久，在数字技术发展的不同阶段，双方合作的侧重点也略有不同。2018年4月，中国一汽与华为签署备忘录，在车联网、工业互联网、公有云、V2X、车机OS、自动驾驶计算平台、ICT基础设施、新能源、移动出行服务领域及联合创新实验室建设方面开展全面深化合作。

2020年4月，中国一汽召开数字化大会，与华为等7家数字化解决方案提供商签署数字化转型战略合作协议，由此拉开了数字化转型战略在全集团落地的序幕。其中，中国一汽将与华为公司分享数字化转型创新实践，合作共建自主可控的数字化平台，并在车联网领域进行联合应用创新。

事实上，华为之所以能够成为中国一汽在数字化转型上的合作伙伴，得益于公司对制造业的深入理解。众所周知，华为本身也是一家制造业企业，自2016年公司开展数字化转型以来，已经在转型过程中积累了丰富的实践经验；与此同时，华为中国政企业务在国内已经服务超过5 000家制造业企业，作为制造业的"懂行人"，华为也更能理解中国一汽的业务需求和痛点。

在中国一汽数字化平台的建设中，上云是关键一步。从汽车研发到企业管理、营销方式、出行服务，中国一汽将整个汽车业务链条都搬上了云。为了实现公有云与本地数据中心的无缝衔接，中国一汽选择采用华为云Stack，实现了云上和本地一致的云服务体验。

与此同时，中国一汽为了推动自身已有数据中心的升级和扩容，也选择和数字能源领域全球排名第一的华为进行合作：采用华为"微模块+锂电池 UPS"组合解决方案，与传统数据中心相比部署时间节省了 50%；通过采用华为全新的锂电池 Smart Li 方案，节省了 70% 的占地面积，有效地提升了现有机房的利用率；采用模块化 UPS，较传统方案节省占地面积50%，其高达 96% 的转换效率每年可为中国一汽节约 36 万~73 万度电。此外，中国一汽数据中心还搭载了华为 DCIM 管理系统，不仅大幅提升了运维质量和效率，节省运维成本 35%，还有效解决了中国一汽当前数据中心运维难、效率低的痛点。

　　在此基础上，中国一汽也和行业合作伙伴一起共筑云化的开发平台，包括容器管理、开发部署工具链等操作，以推动底层软件开发流程的云化。其中，中国一汽通过采用华为的 FusionAccess 桌面云，使得研发人员无论处在何地，都可以实时连到研发平台上，从而保证了研发进度与效果。

　　在研发过程中，一些涉及车型仿真的计算，需要用高性能计算完成。为此，中国一汽通过与华为云在高性能计算方面的合作，对一汽自有的一万多个 CPU 等处理核心与华为的云计算资源进行统一调度，大大提升了车型仿真计算的效率。

　　在企业运营中，中国一汽与华为一道基于数字化平台共建自主 ERP，以重新定义生产模式。借助华为云 Stack 和华为自研 GaussDB，中国一汽的自主 ERP 实现了数据不丢失、业务不宕机、高性能和数据全互通。不仅如此，中国一汽还联合华为开展了知识图谱平台的打造，通过从 0 到 1构建维修场景知识图谱，提供智能化售后维修知识服务应用。

　　综上所述，在助力中国一汽打造数字化平台的过程中，华为"懂行业、懂技术"的特点也得到了充分体现：从制造业最为迫切的 IT 基础设施入手，为设计研发、企业运营管理等关键业务提供技术支撑，大大加速了企业业务创新和数字化转型。

3) 从基础支撑到业务创新 全面释放懂行价值

如今，在中国一汽，数字化平台建设的效益已经初步显现。围绕研发仿真平台、智能工厂、生态云平台、数据中台等，借助华为云 Stack 构建的混合云，使部署基础设施的成本降低了 40%。

在此基础上，中国一汽基于 3D 模型的协同设计和仿真平台的建设，使得开发效率提升 40%，研发周期缩减 6 个月，节约研发成本近 1.3 亿元；基于 5G 的工业互联网平台搭建，实现了工艺和流程数字化，整车生命周期压缩 7 个月，订单交付周期缩短 26%；围绕客户消费全旅程所构建的生态云平台，实现了对 160 家经销商、5 000 名经营管理人员、65 万用户的精细化管理……

对华为来说，从顶层设计开始，找准场景、解析出中国一汽的业务场景需求；坚持"云优先"，以平台助力中国一汽实现应用创新，只是"懂行"方法论的一部分。在华为的懂行"三阶理论"中，从价值发现到创新使能再到持续运营，这是一个价值创造的完整循环。在这样一个循环中，华为正在扮演的不仅仅是赋能者和支撑者的角色，更是企业数字化转型的同路人。

事实上，在与中国一汽的合作过程中，华为也在与众多生态伙伴一道，帮助中国一汽打造创新的联合解决方案，共同挖掘数字化转型的深度价值。

作为中国一汽成员企业，启明信息自 2000 年成立以来，一直专注于汽车行业 IT 解决方案的创新与研发，并致力成为汽车行业一流的数字化解决方案提供商。同时，启明信息也是华为重要的行业解决方案合作伙伴，双方充分利用云计算、C-V2X、人工智能等数字化技术，打造聪明的车和智慧的路，实现人-车-路-云高效协同，为用户提供智能出行服务。

2020 年 7 月，启明信息-华为"车路协同"联合解决方案正式发布，该解决方案基于华为的数字化基座，通过一朵云、一平台、实现 N 种应用和三个中心的整体架构，实现了感（全天候全路况感知）、联（低时延联结）、算（边云协同计算）、控（车路云协同控制）的融合，为打造中国城域级+产品级+工业级智慧道路提供了重要参考。

从构建数字化平台到打造联合解决方案，"懂行人"华为在中国一汽的数字化转型过程中，既为中国一汽的设计研发、业务运营等提供数字化技术，也参与到中国一汽车路协同等的创新中。通过数字化转型，中国一汽不仅向"数字驱动美妙出行"的愿景迈出了一大步，也为助力中国汽车产业转型升级蹚出了一条创新之路。

4.2.2 以合作为导向搭建 supET 工业互联网平台，阿里云打造工业数字化服务"淘宝网"

阿里巴巴旗下的阿里云依托自身在互联网领域的长期积累，牵头打造 supET 工业互联网平台，为专业服务商或制造企业提供基础性服务（包括物联网、云计算、大数据、人工智能、信息安全等），并联合浙江中控、之江实验室、优海信息、博拉科技等一大批合作伙伴，共同打造 N 个行业级、区域级、企业级平台，形成"1+N"工业互联网平台体系，实现跨行业、跨领域的覆盖。

阿里云在发展工业互联网过程中遵循合作伙伴计划，supET 平台一直在践行"被集成"的合作模式，让合作伙伴做更好的 SaaS。博拉科技就是阿里云的合作伙伴之一，其与 supET 紧密集成的解决方案，能为中小企业提供工业互联网整体解决方案。

博拉科技成立于 2014 年 10 月，目前是 supET "1+N"平台体系的重要合作伙伴，旨在为汽车及零部件行业提供以数据为核心的一站式生产制造服务，帮助客户在生产环节提升效率、提高质量，同时降低成本。通过使用 supET 平台的三大核心工业 PaaS 服务，博拉科技开发出面向中小型制造企业 SaaS 化的工业互联网服务产品（博拉云协），为国内许多中小型制造企业提供灵活、标准的数字化服务，并提供生产排程、计划管理、生产过程管理、质量管理、设备管理、数据追溯等功能，以有效降低中小型企业的工业互联网使用门槛，提高精细化管理能力，帮助其应对快速上升的生产成本和竞争压力。与此同时，博拉科技也因为使用supET平台的服务，节约了数百万元的研发经费，产品研发周期缩短了半年多。

1）业务创新发展模式

（1）多层次的工业互联网平台

supET平台采用"1+N"的开放协作模式，联合工业龙头企业、各类服务商等共同打造N个行业级、区域级、企业级的工业互联网平台。supET平台为N个平台提供基础性通用的工具和平台级服务，N个平台为各行各业的企业提供行业性专业服务，并在supET基础性平台上构建工业机理模型、微服务和算法等，实现跨行业、跨领域的协作分工与能力共享。

（2）让工业App拥有类似手机App的使用体验

supET平台打造了工业App的运营中心，以应用托管的方式在云平台上实现"工业App预集成"，通过数字工厂平台为制造企业提供一站式交易、一站式交付的类似手机App的使用体验，大大提高了系统集成商的集成效率，也大大降低了制造企业的选择成本和使用成本。

（3）打通消费互联网与工业互联网

淘工厂平台利用零售端和供给侧的大数据、互联网技术和阿里巴巴强大的生态运营能力，成为数百万家零售中小品牌商家和数万家优质品类专业生产企业之间的连接器。supET平台为淘工厂所服务的生产企业提供低侵入式的轻量级数字化能力，使其在不影响生产流程的情况下及时掌握工厂产能状态，更加精准地实现供需匹配，促进网络化协同制造模式再升级。

（4）以多种形态提供恰当的服务

由于大型企业、集团型企业出于生产安全等因素的考虑，对云上平台心存顾虑，通常会要求在企业现场部署与安全生产相关的工业互联网服务，因此，supET平台在设计之初就考虑到这种情况，以"云端+企业端"的混合形态为企业提供恰当的服务。

2）项目实施：服装行业产能可视化

阿里云面向中小服装企业提供低侵入、高扩展的数字工厂解决方案，充分利用视频智能算法能力，减少工人的人工干预，提高数据采集的真实性，为工厂管理内部生产、提高客户满意度助力。该解决方案充分利用了supET平台的三个重要组成部分，即 API 服务、SI（服务集成商）集成工作台和数字工厂中心，帮助服装工厂在对现有生产设备改动量最小的情况下，实现自动化的产能数字化改造，结合阿里巴巴天天特价、淘工厂等线上消费或者供应链系统，通过与这些平台的订单系统对接，打通 C2M 的线上通道，帮助服装工厂与销售、供应链系统快速形成协同制造的能力，获得更多的生产订单，提升经营管理能力。

目前 supET 平台已有 200 多家生态参与方、10 多个行业级、区域级、企业级平台入驻。预计到 2025 年，supET 平台将承载行业级平台 30 个、开发集成 10 万款工业 App，连接 2 亿台工业设备，服务工业企业 30 万家。

4.2.3 以用户为驱动打造 COSMOPlat 互联工厂，海尔走出"中国智造"发展新道路

历经 30 多年的创新发展，海尔从一个濒临倒闭的集体所有制小厂成长为今天的全球白色家电第一品牌。面对互联网迅猛发展的浪潮，海尔积极主动推进互联网化转型，从战略方向、管理模式、研发体系、制造体系、服务体系、创业孵化体系等方面开展全方位变革，从传统的家电产品制造企业转变为面向全社会孵化创客的平台，构建起互联网时代企业、员工、用户、合作伙伴间的新型生产关系，引领制造业变革。

1）时代新要求：全面实施网络化战略

海尔集团致力于为用户提供最佳体验，从 1984 年创业至今，已经历了名牌战略、多元化战略、国际化战略、全球化战略四个发展阶段。为了应对互联网时代的发展需求及其给企业带来的全新挑战和机遇，2012 年，海尔全面实施网络化战略，提出"企业无边界、管理无领导、供应链无尺

度"的"三无"发展观，并于2014年将战略内容进一步丰富为以诚信为基础，逐步实现"企业平台化、员工创客化、用户个性化"。由此，企业主动将互联网思维全面融入生产组织及运营管理各层面，使企业变成互联网的一个节点，互联互通各种资源，与合作伙伴共创共享以用户为中心的商业生态圈，实现各方的共赢增值。

（1）企业平台化

为快速响应网络化发展战略，海尔对管理模式进行了深刻变革。通过开创"人单合一"的双赢模式、搭建投资驱动平台和用户付薪平台等，海尔有效打破了传统科层制管理模式，把员工与用户直接连在一起，使企业文化快速从执行力文化向创业文化转变，从企业付薪文化向用户付薪文化转变，使企业从制造产品的加速器向孵化创客的加速器转换。目前海尔已没有层级，只有三种人——平台主、小微主和创客。海尔的生态圈只有三类人——创客、小微主、平台主，其共同目标是创造用户最佳体验。平台主从管控者变为服务者，员工从听从上级命令的被雇佣者变成自主创业的创客，这些创客组成小微创业企业，由创客和小微主共同培育用户、市场。小微创业企业还可以向市场开放或吸引外部资源，形成一个共创共赢的生态圈，共同创造用户价值。2019年，海尔进一步探索"链群共赢进化生态"，这是"人单合一"模式下的新范式。链群，就是小微创业与其企业合作资源方通过共同创造市场机会，共同创造用户最佳体验，形成一个开放的以自组织为核心的生态系统，也就是生态链。在生态链上的小微创业企业构成链群。链群是实践物联网场景生态新模式的自组织网络。

（2）用户个性化

海尔基于"三化"之一的用户个性化，构建"人单合一"的协同制造生态圈。海尔打造了一个"互联工厂"，这不再是一个工厂的概念，而是一个生态系统，是对整个企业全业务流程的颠覆：一是变革互联工厂的商业模式，本质是将以企业为中心转变为以用户为中心，创造有效需求、有效供给；二是变革制造模式，从大规模制造到大规模定制，实现用户体验的无缝化、透明化、可视化。目前，海尔有三种定制模式：模块定制、众创定制和专属定制，可以让用户全方位、全周期地感受最佳体验。海尔的大规模定制与传统定制的区别在于传统的定制是硬件定制、一次性购买交易，而海尔的定制是生活场景的定制体验，可持续迭代。

用户个性化颠覆的目标是产销合一：生产者、销售者合一。小作坊一定是自产自销；大规模生产一定是产销分离，因为生产量太大了，不能前店后厂；互联网时代，又是自产自销了，但最后的目标是达到产销合一。而要达到里夫金描述的生产者和消费者合一这个目标，要基于共享经济。

海尔实施互联工厂的总体经济效益明显，互联工厂的整体效率大幅提升，产品开发周期缩短20%以上，交货周期由21天缩短至7~15天，能源利用率提升5%。

（3）员工创客化

海尔基于"三化"之一的员工创客化，鼓励员工通过"自创业"方式寻求发展机会，变成一个自组织。这个组织没有领导，靠用户驱动。海尔要创造一个平台，让每个人把自身的价值充分地发挥出来。"我们的任务是让每个员工都能孵化出来，破壳而出。""人单合一"的模式颠覆了企业、员工和用户三者之间的关系。在传统模式下，用户听员工的，员工听企业的；在"人单合一"的模式下，企业听员工的，员工听用户的。战略转型、组织重构和关系转变带来的是整个商业模式的重建。人单合一，驱动新旧动能转换；海尔彻底颠覆了传统的层级组织模式，从制造型公司蜕变为平台服务型公司，员工的身份发生了改变，变成了主动追求市场目标的创客。2002年，海尔实现了"人码""物码""订单码"的三码合一，目的是让员工收入直接与经营成果挂钩。为此，海尔还创造性地把企业财务报表变成每个员工的"资源存折"，用以表征员工的个性化收入：收入=劳动力价格−损失+增值提成。也就是说，每个员工都是一个盈亏单位。

2）服务新体系

海尔以多样化平台为依托，将服务以各种形态融入了产品全生命周期的各个环节，大力推动服务型制造的在线化、网络化和协同化，有效拓展了服务范围和增值空间。以"U+"开放平台为核心，打造智慧生活生态圈。2014年，海尔发布了全球首个智慧生活平台——U+系统。以U+智慧家庭互联平台、U+云服务平台以及U+大数据分析平台为技术支撑，通过建立统一的智慧协议标准，实现不同品类、不同品牌的智慧产品或服务的互联，营造全新的智慧物联家居生活，为用户提供满足不同需求的智慧生活生态圈。目前，U+平台已接入上百家厂商设备。

海尔以三大电商平台为核心，打造新型营销生态圈。迄今为止，海尔已搭建专注于经销商的专业家电工厂直销服务平台巨商汇、专注于净水机市场的日日顺商城及专注于海尔全系列家电一站式销售服务的海尔商城三大电商平台，并建立起相应的物流仓储、金融、售后支持、在线培训等支撑服务体系，有效优化了供应链管理服务，大幅提高了产品交易环节的附加值。

海尔以海融易为代表的融资平台为核心，打造互联网金融生态圈。海尔依托丰富的生态，快速创建了海融易、海尔融资租赁、海尔云贷、海尔消费金融等系列金融平台，提供供应链金融、融资租赁、消费金融、金融保理等多品类金融服务，为各利益攸关方提供个性化的金融解决方案，从而实现了从产品金融到生态金融的转变，拓展了基于产品的增值服务新空间。

3）研发新体系：打造全球最大开放式创新系统

2013年10月由海尔开放式创新中心开发并运营的开放创新平台HOPE正式上线，HOPE是海尔打造的全球最大的创新生态系统和全流程创新交互社区，宗旨就是服务于全球的创新者。通过遵行开放、合作、创新、分享的理念，积极搭建并共建专利池、超利分享和投资孵化等共赢分享机制，在全球范围内广泛吸引用户、技术人才和解决方案供应商等各类主体，实现了从创意产出到原型设计、技术方案、结构设计、快速模型、小批试制等全产业链创新资源覆盖，妥善解决了创新创业来源和创新转化的资源配置难题，并实现了用户需求与全球一流创新资源的高效对接，持续不断地产生引领全球的创新成果和颠覆性的用户体验。

2017 年，作为国内首个自主研发、自主创新的工业互联网平台，海尔 COSMOPlat 发布并对外提供社会化服务。2018 年，COSMOPlat 被评为全国首家国家级工业互联网示范平台。COSMOPlat 是一个以用户驱动的实现大规模定制的平台，它将全社会一流的资源纳入平台中，能够有效连接人、机、物，不同类型的企业可快速找到智能制造解决方案。该平台强调用户全流程参与、零距离互联互通、打造开放共赢的新生态三大特性，用户可以全流程参与产品交互、设计、采购、制造、物流、体验和迭代升级等环节，形成了用户、企业、资源三位一体、开放共赢的有机全生态。COSMOPlat 是为中国参差不齐的制造业企业量身定制的一个平台，它试图最大程度地满足不同制造能力企业的差异化需求，让它们能以尽量快的速度融入智能制造体系中。

在模式创新方面，COSMOPlat 全面颠覆了以企业为中心的线性大规模制造传统模式，创新了覆盖全流程、全生命周期、全价值链体系的以用户体验为中心的大规模定制模式，并把该模式解构成交互、研发、营销、采购、生产、物流、服务七大模块，进而封装成可复制、可推广的云化解决方案，实现制造能力和工业知识的模块化、平台化，并向智能化生产、网络化协同和服务型制造等模式延伸。

为了给 COSMOPlat 的可持续发展提供强有力的技术支撑，海尔早在几年前就成立了首个企业主导的工业智能研究院，建立了"1+6"的"生态+平台"研发体系，在智能制造、人工智能、智能硬件等方面进行前瞻性布局并展开科研工作。COSMOPlat 在单一原创技术突破和引领的同时，还不断优化工业互联网顶层技术架构的设计，提高了工业互联网应用层、平台层和基础设施层的整体系统创新能力，强化了全要素、全产业链、全价值链的协同创新，构建起供产学研使用的开放生态体系。此外，COS-MOPlat还整合了1 500多家企业的一流资源，参与平台共建与开发，共创共赢。

4）发展成效

在宏观经济下行压力较大、国内家电产业整体需求低迷的环境下，海尔大胆改革，锐意进取，在深度转型过程中实现了利润的稳步增长和多方业务的协同优化，创新成果快速涌现，有效培育了企业发展新动能。

当前，HOPE开放创新平台已面向全球建立了超过200万家企业的一流资源网络，超过10万家资源在平台注册，每月交互产生创意超过500个，每年成功孵化创新项目超过200个。海尔创业平台已聚集了3 600家创业孵化资源，1 333家风险投资机构，创投基金规模达到120多亿元，成功孵化出雷神、小帅影院、日日顺乐家快递柜、有住网、家哇云等新兴品牌。2017年，COSMOPlat成交额达到3 113亿元，定制订单量达到4 116万台，已成为全球最大的大规模定制解决方案平台；已经吸引了390多万家企业、4.2亿用户在平台上注册。目前COSMOPlat连接了2 121万台智能终端，为4.5万家企业提供增值服务。

4.2.4　以需求为引领开展大规模个性化定制，红领（酷特）探索工业互联网运行新范式

青岛红领集团有限公司（以下简称"红领集团"）创建于1995年，总部位于青岛即墨市，是一家面向全球定制高档西装、衬衣等服装产品的大型企业。其主要运营酷特智能C2M个性化定制平台（Customer to Manufacturer，即客户对生产者）。红领集团自成立起20年来给大众留下了深刻的传统服装品牌印象，为了承载企业转型后致力于C2M定制平台、输出企业转型解决方案、源点论思想和组织体系的使命和逻辑，2017年红领集团正式更名为酷特。

2003年以来，红领一直致力于传统制造业转型，在服装定制领域取

得重大突破，彻底改变了传统的运营模式，形成了工业企业发展的新业态，是互联网与工业深度融合的企业运行新范式，其主要做法包括以下几个方面：

1）C2M工业直销平台

传统服装企业采取"制造企业—批发商—零售商—消费者"的销售模式，各环节的成本提升了产品的最终价格。红领集团利用互联网技术，打造工商一体化的C2M商业生态平台Cotte，用户通过下载注册酷特App就可以直接将个性化需求订单传给工厂安排生产，不再为中间渠道埋单。企业根据订单进行生产，大大降低了资金和货物积压，实现了"按需生产、零库存"。

2）个性化产品

酷特的转型并非线上线下的博弈，而是凭借在工业流水线制造个性化产品的能力，将客户的个性化需求对接到工厂，驱动工厂满足客户需求。消费者在线自主选择服装的面料、款式、制作工艺等，企业实时接收订单，信息进入自主研发的数据库进行数据建模，自动转化为生产数据。C2M平台再进行任务分解，以指令推送的方式将任务推向各工位，7天内完成生产。生产过程中，每件产品都有单独的伴随生产全流程的电子标签，每个工位都有红领集团自主开发的终端设备，从互联网云端下载并读取电子标签上的订单信息。这一模式既能满足服装个性化定制的需求，又能实现大规模工业化生产。

3）数据库

红领集团能实现低成本、高效率的个性化定制，其背后的重要原因在于大数据的支持。红领集团通过已积累的数百万名顾客个性化定制的数据，建立了四大数据库系统，分别是服装版型数据库、款式数据库、工艺数据库和面料数据库。红领集团完善的大数据信息系统，保证其每天能够完成3 000件完全不同的定制服装生产。任何一位红领集团的顾客，只需要一周就能拿到所需的衣服，而传统模式下却需要1~2个月。

定制的第一步是量体采集数据下订单。红领集团自主研发的专利——量体工具和量体方法——采用3D激光量体仪对人体19个部位的22个尺寸进行数据采集。然后顾客对面料、花型、刺绣等几十项设计细节进行选择，或让系统根据大数据分析自动匹配。细节敲定，订单传输到数据平台后，系统会自动完成版型匹配，并传输到生产部门。

每位工人都有一台电脑识别终端，所有的流程信息传递都在这上面进行。接到订单后，工人会核对所有细节，然后将信息录入一张电子标签上，这张电子标签是这套衣服的"身份证"，将伴随这套衣服生产的整个过程。

4）SDE能力输出

红领把在服装定制领域的成功经验编码化、程序化，形成了标准化的解决方案，将其命名为"SDE"（Source Data Engineering，源数据工程），即传统工业转型升级的方法论，可以在其他行业进行转化应用。同时为需求企业提供软件定制开发、生产流程再造、管理咨询等服务，把红领集团大规模定制的基因植入传统型企业，帮助它们实现不同程度的转型升级。通过不同程度的投入、3个月以上时间的升级改造，将实现效率提升30%以上，成本下降20%以上，"零库存、高利润、低成本、高周转"的运营能力。

2016年年初，红领集团开始推广SDE解决方案，仅7个月时间就签约38家企业，涉及服装鞋帽、家居、铸造、化妆品、电器等行业。

5）价值和效益

红领集团通过互联网直接连接消费者，实现个性化服装的一键定制，将服装生产周期由20~50个工作日缩短至7个工作日，并实现了大批量生产，使昂贵的服装定制服务变成了老百姓也买得起的大众消费品。总之，红领集团模式实现了服装制造的个性化、服装流通的去中介化和零库存。

红领集团也实现了快速发展。14年转型的结果显示：在服装行业普遍进入寒冬的全球大背景下，红领在2012—2016年，企业产值连续5年增长100%以上，利润率达到25%以上。SDE（源数据工程）传统企业转型升级解决方案签约20多个行业的60余家企业，吸引了包括华为、阿里、海尔在内的1万多家企业登门学习。

4.2.5 以传统优势为依托建设服务平台，欧冶云商（宝钢）构筑钢铁全产业链生态服务圈

2015年2月13日，宝钢集团和宝钢股份有限公司联合出资20亿元注册成立欧冶云商股份有限公司，以"服务型生产体系"商业模式，依托互联网、物联网、大数据、移动互联等全新技术手段，打造了集资讯、交易结算、物流仓储、加工配送、投融资、金融中介、技术与产业特色服务等功能于一体的生态型钢铁服务平台。

2018年9月21日，商务部等八部委发布了《关于全国供应链创新与应用试点城市和企业评审结果的公示》，欧冶云商成功入选，是唯一入选的钢铁电商企业。

1）欧冶云商的主要做法和特征

欧冶云商以宝钢战略优势为依托实现快速起步。宝钢集团长期积累的战略优势为欧冶云商的发展奠定了坚实基础。一是专业背景优势助力业务领域快速拓展。作为中国最具竞争力的钢铁联合企业，宝钢在钢铁生产、技术研发、信息服务、营销网络、资金等方面具有完备的系统服务能力，为欧冶云商各方业务拓展提供了重要保障。二是行业深耕优势推动产业链资源迅速聚合。宝钢集团近40年的行业经验积累使欧冶云商能快速融合上下游的优质供应商、钢铁厂商、贸易商、物流加工商等各方主体，为平台化服务集聚丰富的线下资源。三是品牌优势促成巨额融资。依托宝钢品牌，2015年，欧冶云商在上海与13家银行签署战略合作协议，并获得超过1600亿元授信。欧冶金融不仅提供融资服务，还整合具有专业化优势的投资理财产品，重塑钢铁生态圈信用环境。

2）智慧供应链

欧冶云商已形成多品种、跨区域的大宗商品市场服务架构，产业供应

链已经覆盖原燃料、矿石、钢材、家电、汽车、造船等多个产业领域，贯穿采购、生产、销售、物流等各环节，具备为产业链用户提供综合解决方案的能力，为全产业链、四流合一的大宗商品市场服务奠定基础。同时，专业、多层次的风险控制手段，有效确保全流程交易和服务的真实、安全，并可以针对不同客户群体提供定制化的服务或产品，满足多样化的客户需求。

（1）传统供应链向智慧供应链升级

智慧供应链的本质是依托"互联网+"实现产业链协同，包括两方面内容：制造端——通过钢厂和终端用户需求的数据对接，实现大规模柔性化定制；服务端——通过多样化的服务手段，建立数据化的服务模型。欧冶云商创新推出"定班轮"和"欧冶联邦"等产品，有效解决了钢厂当前的一些痛点问题。

（2）供应链服务模式创新

为了快速提升欧冶线下服务能力，加速全国仓储能力布局，进一步提升"宝盈通"系统的覆盖率，打造钢铁流通供应链上的物流神经网络体系，欧冶物流于2015年第三季度提出在2016年6月底前实现1 000家线下仓库网络布点，称为"千仓计划"。为顺利实现计划，业务团队统筹规划，分步实施，以企划案为指引，落实分区域推进计划。从开展"千仓计划"宣讲入手，大面积梳理、走访区域仓库，充分把握客户合作意向及系统使用情况。

（3）供应链金融服务模式创新

作为欧冶云商旗下的综合性金融服务商，欧冶金服致力于为大宗商品产业链提供互联网金融专业化服务，为客户提供在线支付、融资服务、资产管理等产业链金融产品，打造大宗商品行业互联网金融服务生态圈。相比其他互联网金融平台，欧冶金服的核心竞争力在于，一方面兼具平台和内容的双重优势，另一方面打通线上和线下两个渠道，致力于成为钢铁产业链金融的领导者。欧冶金服以中小微等蚂蚁客户为核心用户群，依靠宝钢在钢铁行业、钢铁供应链、技术链、资源利用链等相关产业中的优势，为客户提供具有竞争力的金融服务。

欧冶云商针对产业链客户的资产管理，面向大宗商品提供仓单登记、资产监管、资产估值、价值预警、资产处置整体解决方案。依托"技防+人防"的管控体系，一方面实现对大宗资产实物层面的管理，确保货物管得住、控得牢；另一方面依托专业价值管理模型，实现大宗资产的动态价值管理，降低市场风险。同时建立统一共享的资产质押登记平台，构筑防范重复质押的风险防线。

（4）增值服务模式

欧冶云商不断加强数据、资讯、技术等增值服务能力建设，积极开发用户行为分析、季度运营报告等产品，提升数据挖掘、分析及场景化应用能力，并努力为生态圈用户提供冶金行业资讯、定制化咨询及在线培训等增值服务。

欧冶云商以合作开放为引导，构筑线下全产业链支撑网络。依托宝钢乘风而起的欧冶云商并不局限于为宝钢服务，而是秉持合作开放的发展理念，致力于成为真正属于全行业的第三方钢铁服务平台，面向全产业链实行从业务运营到股权投资的全面开放。欧冶云商不仅实现了服务产业能力的提升，也实现了体制机制的变革，成为一个混合所有制的、高效的互联网企业。欧冶云商于2017年5月成功实施首轮股权开放和员工持股，引入6家战略投资者和员工持股平台，实现了混合所有制改革。

3）欧冶云商的发展成效

欧冶云商经过几年的发展，通过加强生态圈资源整合，以及持续推进供应链环节的数字化，经营业绩实现快速增长，从2015年成立时钢材总交易量（GMV）1 018万吨到2018年的1.18亿吨，年复合增长率达到126%，2019年实现了大幅减亏。欧冶云商不断优化钢铁供应链服务体系、架构和能力，努力为生态圈用户及合作伙伴提供最优质的服务，在首轮混改的基础上，后期欧冶云商还将进一步开放股权，并最终实现首次公开募股。

4.2.6 北京中联润通信息技术有限公司构建人工智能产业化平台，助力企业数字化转型

近年来，人工智能一直备受瞩目。不论是会迎宾送餐的机器人服务员，战胜围棋冠军的阿尔法狗，还是会说话的小爱同学，都激发了公众的极大热情，人工智能的概念已深入人心，社会影响日益增强。

习近平总书记高度重视我国新一代人工智能发展，多次对人工智能的重要性和发展前景做出重要论述。2018 年 10 月 31 日中共中央政治局就人工智能发展现状和趋势举行第五次集体学习。中共中央总书记习近平在主持学习时强调，"人工智能是引领这一轮科技革命和产业变革的战略性技术，具有溢出带动性很强的'头雁'效应"。李克强总理在做政府工作报告时提出，"发展工业互联网，推进智能制造，进一步明确工业互联网在推动制造业转型发展中的推动作用"。这为下一步加快发展我国人工智能和工业互联网提供了重要指导。

一些数据和案例表明，人工智能技术极大地促进了行业的发展。在制造行业，利用人工智能技术，通过精密零件智能分拣，单人工作量从 1 天缩短为 1 小时；在农业中，利用人工智能技术对作物进行病虫害周期性监测，可从每月人工采集变为每半小时自动采集；在医疗行业，人工智能技术帮助医生通过 CT 影像快速进行新冠肺炎筛查，20 秒即可完成一次 CT 诊断，准确率达 96%。由此可见，人工智能赋能给各个产业带来的价值是巨大的。

然而，目前还有大量企业未完成数字化转型。全国政协委员、中国工业互联网研究院院长徐晓兰表示，2020 年 7 月，有超过 55% 的企业尚未完成基础设备数字化的改造。制造业中的小微企业发展难以承受数字化转型和新技术应用的高昂成本。与此相对应，龙头企业与中小企业数字化发展不平衡，"数据孤岛"仍然是我国常见的产业难题。

如何降低企业数字化转型成本、打破"数据孤岛"瓶颈成为人工智能

在工业领域应用面临的主要问题。为解决此类问题，在产业中建立人工智能产业化平台，共享存储、算力、网络等基础设施，实现 AI 应用成本降低、数据开放共享成为迫切的需要。下面主要以北京中联润通信息技术有限公司人工智能产业化平台为例，介绍如何利用平台为产业开放数据共享、为企业降低 AI 落地成本，从而加速企业数字化转型。

1）人工智能产业化平台相关技术

人工智能产业化平台已成为新一轮产业变革的核心驱动力，是企业 AI 落地的核心根基。俗话说"根基不牢，地动山摇"。企业立足自身特色，建设人工智能产业化平台，是发展其核心竞争力的重要突破口。

如何建立适合企业自身特色的人工智能产业化平台呢？北京中联润通信息技术有限公司是一家专注于大数据、人工智能技术研究的公司，有 11 年互联网经验及技术积累，具有丰富的大数据、人工智能建设和运营经验。公司基于物联网、大数据、人工智能技术，结合行业企业及其内部特色，建立了人工智能产业化平台，帮助数千家企业完成了数字化转型。人工智能产业化平台包含物联网数据接入平台、大数据分析平台、人工智能开发平台、知识图谱可视化平台等重要平台。

（1）物联网数据接入平台

物联网数据接入平台，是企业在工业领域中布局大数据、人工智能等技术，落地 AI 应用场景的入口。平台接入传感器、摄像头等物联网设备，以设备为中心对数据进行统一管理，并进行数据处理、数据整合。平台提供物联网设备数据接入、数据管理能力支持，以及对象感知、数据采集、数据整合、订阅和发布等功能。

（2）大数据分析平台

大数据分析平台，是基于物联网数据接入平台的源数据，对海量非结构化、结构化数据进行处理分析的平台。平台对物联网的源数据进行数据清洗、数据处理、数据整合等操作，同时将其转化为人工智能开发平台的输入数据。平台提供大数据管理、数据分析支持，以及源数据管理、交互式查询、离线计算、实时计算、可视化报表分析等功能。

（3）人工智能开发平台

人工智能开发平台，是基于大数据分析平台的原始数据，针对 AI 场景对数据进行建模、预测的平台。平台通过预置 AI 研发中的环境及工具，为 AI 应用提供存储与算力支持。平台支持主流 AI 场景，涵盖自然语言处理、图像识别、语音识别、推荐算法等应用场景。平台提供机器学习、深度学习训练及 AI 模型部署能力支持，以及样本管理、数据标注、离线训练、交互式训练、模型优化与迭代、部署上线等功能。

（4）知识图谱可视化平台

知识图谱可视化平台，是基于人工智能开发平台的成果，融合人的思想将知识整合加工，形成可理解的知识库，并提供可视化查询功能的平台。平台通过有效管理结构化及非结构化数据，将其中的关联性数据组成一个关系网络。在进行知识提取时，将知识进行聚合，转化为直观的、可理解的、可视化的结果传递给用户。平台具有社交网络可视化、追踪定位问题根源的功能，并提供社交网络分析、报表分析、交互式查询、可视化大屏等服务。

人工智能产业化平台无缝结合、相互协作，为 AI 场景的应用提供存储、计算、分析功能，为企业大数据、人工智能、物联网应用赋能。下面以人工智能开发平台为例，介绍企业人工智能项目开发场景下平台建设的思路。

2）案例介绍：人工智能开发平台

人工智能开发平台是一个集 AI 研发、部署、应用于一体的企业级服务平台。平台服务于需要深度学习、机器学习以具备研发、部署及服务能力的企业。平台基于自主可控智能软硬件平台无缝融合的方式，建立了集数据存储与处理、模型训练、模型优化、部署上线等服务于一体的一站式 AI 开发平台，降低了企业使用 AI 的门槛，帮助企业实现 AI 场景的快速落地。下面结合人工智能开发平台的应用场景、设计理念、总体架构、核心特色来具体展开介绍。

（1）应用场景

平台可为安全生产、精准营销、智能分拣等各种需要人工智能算法的应用场景提供支撑。例如，企业需要对一个智慧园区出入管理场景做人脸识别与红外线测温，开发者可以利用平台而无须进行配置环境安装包等烦琐操作，直接在线开发人脸识别等算法，采集人脸数据、训练模型，然后使用平台将模型部署于一体机上提供出入场景控制服务；管理者可利用平台对系统资源、模型效果等的使用情况进行监控，确保服务安全稳定运行。

平台适用于中小型创新企业、智慧园区、工业园区、科研单位等有人工智能需求的企业。一方面，由于业务方向特点，企业较难聚集资深的数据标注、数据处理、算法开发、可视化分析等AI场景设计全过程的专业人士；另一方面，出于成本考虑，企业、园区在数据中心、计算中心等基础设施建设上的投入较为薄弱。

为解决以上问题，平台以帮助园区内部、企业内部实现数据共享、计算资源共享、成果共享为总体设计思想，建立人工智能开发平台。

（2）设计理念

人工智能开发平台作为企业AI场景的有力支撑平台，深度分析企业、用户的需求，秉承以下三个设计理念，切实解决AI落地痛点、难点问题：

①存储计算资源共享，降低企业AI研发成本

人工智能开发平台通过整合计算、存储网络资源，为用户智能分配计算资源，充分利用平台存储、计算能力，以基础设施共享、业务场景有限隔离等方式降低企业AI研发成本。

②可视化开发过程，降低企业AI应用门槛

人工智能开发平台通过预置机器学习、深度学习领域常用算法，并对训练关键过程进行可视化建设，以零代码训练、训练过程可视化等方式降低企业AI应用门槛。

③研发部署一站式服务，提高企业AI研发效率

人工智能开发平台通过整合团队 AI 研发场景过程中数据、算法、成果等资源，分析优化研发、交接、调参过程效率问题，以解决环境资源配置、资源统一管理等问题，提高企业 AI 研发效率。

（3）总体架构

平台从总体架构上分为 4 个层次：基础设施服务层、系统资源管理层、管理服务层、应用层。

基础设施服务层，为平台提供硬件基础设施，主要包含 GPU 集群、CPU 集群、分布式对象存储、网络设施等。

系统资源管理层，基于多种架构的操作系统，为基础设施提供硬件资源管理功能，主要包含计算资源调度、容器编排管理、存储管理、网络管理。

管理服务层，针对 AI 生命周期为用户提供各种服务。主要提供的功能包含数据存储与共享、数据标注、模型开发、在线训练、离线训练、部署与服务，在 AI 项目管理、AI 框架集成、训练过程可视化、预测过程可视化等方面基于自主研发、系统集成提供环境支撑。平台支持的大量深度学习框架包含 Tensorflow、Pytorch、Keras、MXNet、Caffe 等。

应用层，为用户提供多种形式的服务。其包含 Web 应用、API 接口两种方式，针对用户提供 Web 界面具备的各项交互式功能，并针对第三方服务数据联通提供 API 接口。

（4）核心特色

平台在统计分析企业 AI 实际场景共性需求的基础上，充分考虑 AI 项目管理、资深 AI 专家、运维人员、零基础用户的个性化需求，基于传统人工智能平台研发理念进行开拓创新，建设了具有以下重要特色的人工智能开发平台：

①足不出户，覆盖企业 AI 落地所有环节

平台基于 Kubernetes 环境构建，涵盖 AI 研发应用全流程。平台服务于 AI 全过程，包含数据存储、数据处理、数据标注、模型训练、模型预测、模

型部署、成果共享等过程，多环节无缝连接，足不出户部署应用AI项目。

②上手容易，多种预置算法一键训练

平台提供多种预置算法、计算框架。预置算法包含图像处理、语音识别、文本分析、无监督学习、AutoML等主流应用领域算法；平台支持主流的深度学习、机器学习框架，包含 Pytorch、Tensorflow、Keras、Skitlearn等常用框架。同时，支持GPU加速模型训练推理，具备多语言、多框架扩展能力；支持模型"一键训练、一键预测"，无须使用代码即可训练。

③管理方便，项目分类管理随时查看

平台根据AI应用场景分类管理，记录样本、算法、模型历史版本，可随时随地部署、退回。AI应用分系统、项目、个人级别有限开放共享，有力支撑公司各层级管理需求。

④极致体验，全流程可视化

平台以可视化的方式为AI研发全过程重点环节提供使用支持。平台对训练结果、训练过程、预测结果等环节，通过自研或集成开源可视化工具的方式，实现了数据、模型、结果的可视化。

3）未来应用和发展趋势

从长远发展看，人工智能产业化平台作为AI的基石，将成为中小企业提高核心竞争力的关键力量。同时，随着5G、物联网的高速发展，各智慧园区、工业园区、科研单位将基于开放、共享的精神，广泛布局人工智能产业化平台，为企业提供生产、运维、管理、营销等服务便利，推进企业落地更多的AI场景，推动企业持续进行智能、高效、现代化建设。

未来，北京中联润通信息技术有限公司将基于存储、计算、网络等基础设施，深度结合大数据、物联网、人工智能、5G等新兴技术，切实考虑企业在数字化转型过程中的技术落地瓶颈，以降低AI研发成本与加速AI研发过程为核心，搭建更加专业的人工智能产业化平台，为更多企业实现数字化转型赋能。

4.2.7 以用电数据为基础推进多源数据整合，国家电网构建企业信用资产

在数字经济时代，健全和优化社会信用体系尤为重要。当前，国家正全面推进"信用中国"建设，推进数据开放共享，促进数据融合和资源整合，服务经济社会发展。在这一大背景下，国网电子商务有限公司（国网雄安金融科技集团）根据国家电网有限公司党组的决策部署，积极推进多源数据资源整合，拓展电力大数据应用场景，推动共享型企业的构建。

电力大数据具有可信度高、时效性强、连续性好、完整性好、覆盖面广等特点。对电力大数据进行深度挖掘和创新应用，可促进供需对接、要素重组、融通创新的产业链上下游共同发展，推动共享型企业构建。

国网电子商务有限公司（国网雄安金融科技集团）根据国家电网有限公司党组的决策部署，依托电网大数据优势、业务场景优势和丰富的客户资源，积极推进多源数据资源整合，拓展电力大数据应用场景，已完成大数据业务发展布局；组建成立国网商用大数据公司、征信公司（以下简称"国网大数据征信公司"），加快电力大数据价值释放，推动电力大数据社会化共享应用，服务社会经济高质量发展。

1）以用电数据助力信用评级　中小微企业享受增值服务

2019年2月23日，江苏省常州市春润纺织有限公司通过国网电商公司电费金融服务平台，以企业电力信用评级为依据，申请获得了一笔100万元的银行信用贷款，有效缓解了企业经营压力，整个过程仅用时5分钟。电费金融服务平台以企业用电及电费缴纳数据作为重要参考依据，为中小微企业提供专项贷款，实现电力大数据社会化共享应用（如图4-3所示）。

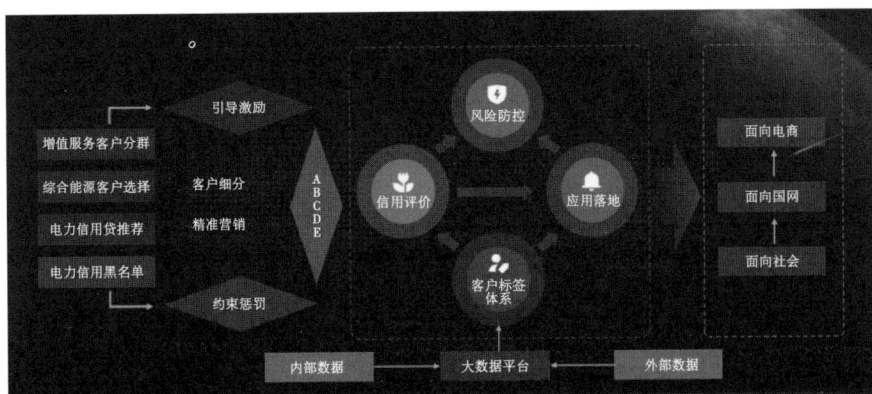

图4-3 企业电力信用评级和电费回收风险防控业务示意图

优化营商环境，为客户提供更多的增值服务，是国网大数据征信公司深入挖掘电力大数据价值的出发点。针对中小微企业融资的具体应用场景，推出了企业电力信用评级服务。企业用电负荷、用电缴费等电力数据，能反映企业经营状况，而企业工商信息、司法履约信息等外部数据，则可以较好地反映企业履约能力。将电力数据与外部数据充分融合，构建科学的算法模型，输出企业电力信用评级，既可为电力公司创新优质服务方式提供策略，同时也可为银行授信业务提供数据支撑。

企业电力信用评级越高，享受到的电力增值服务就越多，如绿色通道、专属用电方案等，同时在银行授信业务中也能享受更加便捷的金融服务。例如，常州市春润纺织有限公司通过线上平台申请贷款时，后台数据显示该公司近三年来用电量逐年攀升，电费缴纳及时，企业电力信用评级较高。银行在做企业贷款评估时，重点参考企业电力信用评级情况，认为该公司还款能力强、信用度高，免去了深入调查企业经营状况等诸多繁琐环节，直接通过线上发放贷款，快速高效。

让企业用电数据成为一种信用资产，向银行输出企业电力信用评级结果，作为银行对企业进行信用评级和授信的重要依据，既能帮助信用评级良好的企业客户获得电费金融专项贷款，还能以此引导企业注重信用管理，更规范科学地从事生产经营活动，促进实体经济更好更快发展。

2）以电力数据构建风险预警模型 助力供电企业识别预控电费回收风险

基于电力数据构建企业电费回收风险预警模型，促进电费回收，是电力大数据深化应用的又一领域。以电力数据为主体，融合工商信息、税务信息、司法履约等外部数据，结合行业风险指标、传导风险指标，采用熵值法，建立递阶层次结构，确定指标权重，对企业客户的电费回收风险情况进行评级，可为供电公司提供客户电费回收风险预警信息。这样能让供电公司及时了解客户风险等级，采取有效措施防范电费回收风险。

例如，2018年9月，镇江市某电气设备有限公司在风险防控评级报告中被判定为高风险。大数据报告显示，该公司近期生产经营状况不稳定，电费回收风险高，国网大数据征信公司建议重点跟进该公司电费缴纳情况，及时采取应对措施。

根据国网大数据征信公司提供的高风险客户清单，镇江供电公司工作人员走访了包含镇江市某公司在内的132户高风险客户，确认其中98户存在经营不善、涉及司法诉讼等问题，从而快速制定了风险处置措施。

以镇江供电公司为例。目前，国网大数据征信公司获取了该公司3 039户企业客户的工商信息、税务信息、司法履约等外部数据。结合客户电量、电费、容量等数据，国网大数据征信公司能够准确识别外部风险源，输出风险防控评级报告。供电公司可据此识别高风险客户，及时跟进其缴费情况，避免电费拖欠。

3）搭建数据公共服务平台 推动电力大数据社会化共享

近年来，国务院、有关部委相继印发《促进大数据发展行动纲要》《关于推进"互联网+"智慧能源发展的指导意见》等文件，对推动能源大数据集成共享提出了明确要求。电力大数据作为国家电网公司的重要资产，具有极大的社会化应用价值。

为加快推进电力大数据社会化共享应用，2018年10月，国网大数据征信公司正式建成"能+"大数据公共服务平台（如图4-4所示），构建电力数据共享模式，推出基础产品、标准产品及行业解决方案三层大数据产品体系，利用脱敏后的电力数据为企业、政府等各类需求方提供多元化的数据服务，从而更好地服务社会经济发展。

图4-4　"能+"大数据公共服务平台示意图

目前，国网大数据征信公司已完成电力营销数据变现方案的研究制订，正逐步开展"能+"大数据公共服务平台电力营销数据对接，打通了外部数据接口渠道，完成了工商、司法、气象、房产、宏观统计、地理等9大类97小类数据对接，具备了对外提供数据共享的能力。

在电力大数据特色产品方面，国网大数据征信公司进一步丰富核心产品服务体系，深化电力客户价值地图、电费回收预警、供应商征信等产品应用，打造多层次服务矩阵，研发国网指数、行业电力雷达、产业动能曲线等电力特色产品。在对外合作方面，国网大数据征信公司深化与发改委国家信息中心等国家级研究机构的合作，筹备建立数字中国能源研究院数字能源协同创新中心，开展数字能源协同创新示范项目合作，推进电力大数据在服务产业结构升级、民营经济发展等领域的共享应用。

下一步，国网大数据征信公司将加快推动电力大数据价值发掘和能力开放，积极推动与政府、金融、工业、互联网等机构和行业的大数据协同应用，集约高效推动电力数据面向公共服务及商业化应用的开发和运营，全面服务国家电网公司"三型两网、世界一流"的战略目标。

4.3 交通行业数字化转型典型案例

改革开放以来，我国交通运输业发生了历史性变化，为经济社会发展、人民群众安全便捷出行做出了重要贡献。国务院新闻办公室2016年12月发布的《中国交通运输发展》白皮书显示，60多年来，中国交通运输总体上经历了从"瓶颈制约"到"初步缓解"再到"基本适应"经济社会发展需求的奋斗历程。中国政府全面深化交通运输改革，加快建设现代综合交通运输体系，不断提升交通运输行业治理体系和治理能力现代化水平，交通运输进入了各种运输方式交汇融合、统筹发展的新阶段。

但随着我国城市经济水平的迅速提高，交通基础设施建设加快，城市交通需求大幅增加，交通供需矛盾日益突出，交通拥堵、打车难、停车难、物流运输效率低下等一系列问题已成为制约城市社会与经济发展的瓶颈，传统的解决方案已经难以应对不断增长的运输需求。

为了应对这一挑战，2016年交通运输部和国家发改委联合发布了《推进"互联网+"便捷交通促进智能交通发展的实施方案》。2017年交通运输部启动了《推进智慧交通发展行动计划（2017—2020年）》，鼓励政府和企业、中央和地方、资本和技术全方位合作，以市场化的方式推动我国智慧交通产业化发展，促进行业创新能力的提升。智能化已成为我国交通运输行业转型升级、实现交通现代化的必然选择[1]。

信息化时代的交通系统每日产生大规模的高质量路线数据和交易信息，运输行业从业者以推动公众出行和交通运输的智能化为目标，借助云计算和人工智能等技术进行分析并加以运用，不断革新产品服务模式，从而以大数据驱动实现服务升级，为公众通畅出行和经济可持续发展服务，大大提升了交通资源供给和配置的效率和质量，成为推动交通运输业乃至国民经济增长和变革的重要基础。交通运输业正朝着数字化转型和智能化升级的方向发展。

智慧交通的建立首先要进行的是交通数据的收集和动态更新，交通数据更新的频率是智慧交通的关键，是对交通数据进行分析与应用的基础。除此以外，政策及技术壁垒对交通数据资源的影响也十分重大，信息分散会导致交通系统效率低下，各类交通数据的整合程度决定着交通系统的效率和服务能力[2]。当前，以滴滴出行和百度地图为代表的运输服务业大数据科技企业在智慧交通方面的实践也基本上围绕大数据、人工智能等数字技术的应用而展开。

4.3.1 "大数据+人工智能"助力优化乘客出行体验，滴滴打造人工智能调度系统

现代化出行方式的引领者滴滴出行基于AI技术建立了自动化、智能化的人工智能调度系统，通过将大数据、云计算、机器学习等技术相结合，建立滴滴交通大脑，对城市实时交通数据进行整量、分析。在此基础上，制定匹配、导航等决策，有效提高城市交通道路网供给能力，让人们

---

① 黄艺娜，旷利平. 智慧交通——大数据与人工智能的重要市场[J]. 南方农机，2019,50(16).
② 高涵. 时空大数据在智慧交通中的应用综述[J]. 信息技术与信息化，2019(6).

第4章 产业数字化典型案例 | 85

享受到高效、便捷的优质出行服务。

1）目的地预测

对用户位置进行高效精准定位，并结合天气、时间、历史记录数据等对用户目的地进行预测。在城市中，大部分人的日常生活是较为规律的。以白领为例，工作日早上7点到8点半前往公司，下午5点半到7点下班回家；休息日上午补充睡眠，下午和晚上外出购物、聚餐、看电影等。通过大数据、人工智能等技术对其数据进行整理与分析后，滴滴便可以找到其出行规律，对其目的地进行精准预测也就成为可能。滴滴使用的数据信息，来自司机与乘客依据《网络安全法》等法律、法规提交的实名注册认证信息，以及司机、乘客接受服务过程中形成的历史记录。

2）路线规划

滴滴出行的路线规划是一个较为复杂的计算过程。在错综复杂的城市交通道路网中，从一个地点到另一个地点会有多种路线，不同路线的时长、路况、红绿灯数量、车速限制等可能存在一定的差异，滴滴会结合经济性、时间成本等多种因素确定最佳路线。

3）订单分配

在多数情况下，大家都会被距离最近的司机接走，90%以上的订单由2千米以内的司机接单。不过，当附近打车的人变多时，情况就会变得复杂。在这种情况下，大家都等5分钟，比1个人2分钟内上车，另一个人却要等10分钟好些。滴滴把这种派单原则叫作"全局最优"。同时，滴滴的派单系统把"安全"作为前置条件。目前，滴滴订单系统能根据司机、乘客订单的实际情况，从200多个角度计算司乘双方是否适合一起出行，这200多个角度包含了乘客的性别、出行习惯、订单时间、订单距离、起止位置等信息，也包含了司机的性别、驾驶习惯、历史订单、投诉记录等相关信息。

从司机的角度，要想接到更多订单，最佳途径是改善自己的服务质量。比如，乘客发出订单后，如果附近两辆网约车距离都很近，系统会把订单派给那位被投诉记录更少、评分更高的司机。

每一次派单都关乎司乘两个客户端的体验，每天几千万次的派单会影响千万人路上的心情。派单是个特别烧脑的问题，滴滴仍在持续努力，让司机接到更多订单，让乘客更容易打到车。

4）拼车

滴滴出行的拼车功能使用了机器学习技术，当用户提交拼车信息后，滴滴出行平台人工智能调度系统需要计算用户所在位置到目的地过程中出现其他拼车用户的可能性。如果概率较低，该用户可能享受独乘一车待遇，价格优惠力度相对较小；而概率较高时，会有多位拼友共同承担油耗、车损等成本，用户便可以享受一个更大的优惠力度。

5）评分系统

订单任务完成后，乘客可以给予司机星级评价和标签评价，滴滴会在充分尊重乘客评价的前提下，根据多收附加费、未及时结束计费、中途甩客等客观证据可甄别判断的不当行为，以及乘客投诉的司机存在仪容不整、服务态度不佳等偏重乘客体验和主观感受的情形等对司机服务进行评价。同时，为了防止乘客恶意给司机写差评，滴滴建立了一个判责机器学习系统，该模型能够判断差评的背后是司机的责任，还是乘客的责任。如果责任不在司机，则不会降低他的分数。判责系统上线后滴滴平台司机满意度有了显著提高。

4.3.2　资源管理智能化助力提升出行运输效率，百度推出智能交通专网地图

百度地图推出智能交通专网地图解决方案，从智能化升级视角提出了行业发展的新思路和新方法，为交通行业电子地图进入业务智能的 3.0 时代做出领先示范。当下，人工智能新基建按下加速键，百度地图已成为推动国民经济和社会发展的战略基础设施。作为新一代人工智能地图，百度

地图向外界释放无穷 AI 能量的同时，也扮演着越来越重要的角色，它不仅是人们日常生活出行的工具，更是为各行各业提供位置等相关服务的平台，在推进三大变革、推动国民经济和社会发展新旧动能转换的过程中担任领军者。依托在 AI、大数据、云计算及地理信息技术领域的优势，百度地图智能交通专网地图解决方案从传统的"坐标地图"升级至路网地图，为新一代智能交通系统构建了数据底座，成为行业首选的专网地图之一。

1）数据采集全方位 AI 化，构建智能交通数据底座

在数据生产方面，基于百度地图 AI 化数据生产能力，百度智能交通专网地图目前 80% 的数据采集环节已实现 AI 化，能够极大地降低数据生产成本，缩短更新周期；在开发服务方面，提供与互联网一致的专网地图服务，帮助开发者降低二次开发成本，满足业务深度开发需求，达成"即拿即用"的开发目标；在数据可视化方面，搭载专业的可视化引擎，可极大提升可视化项目的交付效率；在落地化应用方面，百度地图提供多个 PaaS 级的专网业务应用，可直接满足指定场景的建设需要。除了传统专网地图基础服务能力的持续升级外，百度智能交通专网地图专门针对智能交通创新应用场景，升级了交通专网时空大数据托管平台、路网台账、位置服务引擎以及"互联网+"交通专网数据中台产品。在引入了更多互联网交通大数据的基础之上，重构了传统交通数据和互联网交通数据的底层融合框架，实现了所有交通要素数据基于一套路网台账体系进行构建，让多维交通数据可以基于交通台账及路网拓扑能力产生空间关联与时空碰撞，为交通创新应用 AI 化提供底层框架支撑，成为新一代智能交通的"数据底座"。

2）实施资源规划智能管理，提高出行末端体验

在智能交通发展过程中，难免会遇到阻碍与难题，城市"停车难"便是其中一大拦路虎。针对城市停车信息不互通、管理效率低的问题，百度地图推出了智能停车解决方案，以 AI 技术提升出行末端体验。该方案由

停车场信息发布、停车引导、停车服务与智能停车场、智能停车管理平台四大模块组成，基于对城市停车场动静态数据的挖掘，辅以智能化的资源规划管理，实现了高效的停车引导与预约停车位、自动记录停车位、停车场内导航等全面的停车服务。如今，百度地图智能停车解决方案已在多个城市落地，其中与银川共建的业内首个示范性项目，也获得了行业和政府的高度认可。

3）灵活配置物流资源，提升安全运输效率

在行业赋能的另一关键场景——物流领域，百度地图同样提供了升级的全新智能物流解决方案。运前，凭借强大的物流地址引擎和智能调度引擎，该方案能够在准确关联地理位置并标准化呈现的基础上，支持不同物流模式、多种配送场景等众多约束条件下的灵活配置，最大限度缩短行驶里程、降低运输成本和减少调度时间。运中，该方案运用全矩阵路线规划、导航能力，为货车、摩托车等运输方式提供针对性路线指引，保障运输安全高效。运后，通过物流智能区划管理平台，该方案能结合地图数据及算法优势能力，大幅提升业务区划绘制效率，帮助开发者实现对业务区域的精细化管理。截至目前，百度地图单日解析的物流运单超过全国运单的50%，单日物流车辆轨迹里程高达1.5亿千米。

4）汇聚交通安全信息，助力社会治理转型升级

在新数据、新智能、新服务、新平台的多维度协同创新下，百度智能交通专网地图成功辅助多个政企业务信息平台建设与升级。例如，通过对智能交通专网地图的路网台账及位置服务引擎能力的应用，公安部道路交通安全研究中心打造了"全国道路交通安全信息管理与发布系统"，不仅支持辖区上报各类事件并绑定路网信息，还通过OpenLR协议实现了同其他地图厂商的路网信息映射，构建了汇聚道路交通安全信息的"中央厨房"。

此外，全国多地交通管理部门也在基于百度智能交通专网地图开展智

能交通应用创新。例如，河北省交警总队基于百度智能交通专网地图打造了"河北省道路交通运行状态感知评价系统"，建立了一套科学合理的交通评价指标体系，能够准确刻画当前河北省交通运行态势以及交通管理服务水平，实现了"一图感知、一图展示、一图研判、一图评价"，极大提升了交通治理能力。北京交管局则使用百度智能交通专网地图提供的专网Web端、移动端地图服务，在智慧交管项目中搭建了北京交警指挥平台、移动警务终端业务平台，显著提升了城市交通管理效能。目前，百度智能交通专网地图已与全国23个省及直辖市达成合作意向，完成产品私有化部署的城市超过30个，私有化部署一线及新一线城市渗透率超过70%。

4.4 金融行业数字化转型典型案例

小微企业被誉为发展的生力军、就业的主渠道、创新的重要源泉①。国家统计局2019年12月18日发布的第四次全国经济普查系列报告之十二《中小微企业成为推动经济发展的重要力量》显示，一方面，中小微企业总量规模不断扩大，贡献了60%以上的GDP和50%以上的税收，在经济发展过程中起着非常重要的作用。截至2018年年末，我国共有中小微企业法人单位1 807万家，比2013年年末增加966.4万家，增长115%，占全部规模企业法人单位（以下简称全部企业）的99.8%，比2013年年末提高了0.1个百分点。其中，中型企业23.9万家，占比1.3%；小型企业239.2万家，占比13.2%；微型企业1 543.9万家，占比85.3%。拥有资产总计达到402.6万亿元，占全部企业资产总计的77.1%；全年营业收入达到188.2

---

① 国务院新闻办公室. 小微企业是发展的生力军、就业的主渠道、创新的重要源泉[EB/OL].
[2018－05－03]. http://www.scio.gov.cn/32344/32345/37799/38296/zy38300/Document/
1628785/1628785.htm.

万亿元，占全部企业全年营业收入的**68.2%**。另一方面，中小微企业吸纳就业作用明显，已经成为社会就业的主要承担者。2018年年末，中小微企业吸纳就业人员23 300.4万人，比2013年年末增加1 206.8万人，增长**5.5%**。占全部企业就业人员的比重为**79.4%**，比2013年年末提高了0.1个百分点。同时，最新统计数据显示，中小企业贡献了我国**70%**以上的技术创新，小微企业完成了**65%**的发明专利以及**80%**以上的新产品开发，在推动经济创新发展方面发挥了不可替代的作用。

但是，小微企业融资难、融资慢和融资贵等问题成为制约小微企业生存与发展的瓶颈，因此，如何运用新技术破除小微企业融资的顽疾，是当前金融行业乃至全行业共同面临的重要课题。

金融服务的本质是资金融通，而银行进行资金融通的主要工作就是尽可能地收集资金需求方的所有数据信息（财务情况、市场竞争力、企业主口碑等），并通过分析数据来判断该笔贷款的损失率（风险定价），在贷款收益能覆盖预期损失以及相关经营成本、合理利润诉求的情况下，即可放贷。可以说，有多少数据就可以做多少金融，数据从金融服务诞生开始就是其最大的边界，拥有的数据有多全，金融服务就可以做多广。

因此，大数据与金融业深度融合，通过数字化提升金融服务质量、促进要素高效流通、加速新旧动能转换，将有助于破除当前金融领域存在的顽疾，推动行业优化升级，助力高质量发展。一方面，通过大数据为企业（个人）增加信用支撑，消除了金融机构与企业之间信息不对称的壁垒，大大提升了融资效率，推动了效率变革；另一方面，利用大数据技术提供的全流程风险管控服务，大大提升了融资质量，有力推动了质量变革。此外，资金供需得以高效链接、精准匹配，有力推动了服务升级和动力变革。

当前，国内大数据金融科技企业在这一领域的实践主要包括以下两方面：一是搭建大数据平台，推动多源数据融合；二是创新金融产品与服务，共建风险分摊机制。

4.4.1 促进多源数据融合，浪潮助力化解中小企业融资难题

"一贷通"是依托云计算、大数据、AI等关键技术，为中小微企业提供一站式贷款服务的数字金融服务平台，通过建立信用决策体系，对接放贷与融资需求，降低银行放贷风险，能够有效缓解中小微企业"融资难、融资慢、融资贵"问题。

1）实践应用：两大功能缓解企业融资难问题

（1）数据融合难是瓶颈

"融资难、融资慢、融资贵"主要表现在贷款条件收紧、手续费高、贷款周期长等方面，究其原因，在于银行服务中小微企业时面临着信息不对称的问题，获取对方经营信息、信用信息的效率较低、成本较高。信用数据不仅存在于银行等金融机构，同时也分散在市场监管、税务等多个部门，"数据壁垒"明显，严重制约企业贷款痛点问题的解决，导致融资成本"三高"：一是企业和个人融资成本高，办理周期长；二是银行等金融机构搜寻成本较高，不能及时、精准地找到目标用户；三是决策成本高，由于多源数据未能实现充分融合共享，政府决策缺乏必要的数据支撑。

（2）打造平台突破瓶颈制约

为解决跨部门数据共享难题，"一贷通"实现了数据汇聚与决策支撑两大功能：一是推动企业财税、社会保障、公共服务、违法违规等政府数据和互联网数据等社会数据资源的数字金融平台化；二是建立数据驱动的信用服务与决策体系，双管齐下，帮助银行等金融机构为有融资需求的企业及个人用户提供多元化、主动式、全流程的金融服务，有效提升政府数字化治理水平，实现政府决策科学化、社会治理精准化、公共服务高效化。

2）明确机制，三项举措实现数据融合

"一贷通"解决企业融资难问题主要有三项举措：一是建立了政产学

研各主体间的数据共享机制；二是构建了一个大数据分析平台作为整项工作开展的载体；三是汇聚平台运转所需要的各类相关数据，构建了"一贷通"数字金融服务平台运转所需要的"主体协同、平台支撑、数据融合"机制，解决了谁来做、做什么、怎么做的问题。

（1）实现政企多方协同

在政府的积极推动下，"一贷通"融合地区金融服务资源，在依法合规、主体授权的前提下，利用政府大数据、企业数据及互联网数据，构建信用体系，搭建政府、银行、企业三方共享的企业（个人）融资线上对接平台，实现企业（个人）融资合理配置，帮助金融机构为企业（个人）提供一站式金融服务。地方数据主管部门大数据局以及业务部门如金融局（办）牵头，大数据局等部门负责协调政务相关数据，并将数据运营授权给"一贷通"使用，而财政局负责划拨经费以购买相关服务。为保障"一贷通"业务顺利开展，政府协调财政等相关沉淀资金或专门资金作为第三方担保资金，并将其作为银行针对中小微企业不良贷款的保障资金，地方政府也可以制定针对中小微企业贷款给予补贴、资金扶持的政策。

（2）构建业务支撑平台

大数据平台是政务数据与社会数据得以有效对接、数据集群得以不断壮大、数据价值得以充分释放的重要载体，中小微企业贷款流程线上化、便利化离不开平台的支撑。

平台依托大数据为企业（个人）提供信用支撑。通过提供快速融资需求发布、金融产品申请、在线身份认证、在线授权申请等服务，大大节省了融资的时间成本。通过大数据风控模型对企业（个人）的信用进行评估、测算，形成用户"信用画像"，以数定信，以信换贷，真正实现了不见面、纯信用、在线办理、快速审批的一站式融资服务，实现了无抵押、纯信用快速贷款，大大提升了融资效率，改善了中小微企业融资环境，释放了经济活力，促进了产业结构转型升级。

平台为银行提供全流程风险管控服务。通过提供金融产品在线发布、贷款需求在线受理、企业大数据信用报告在线查阅、优质潜在贷款客户在线推荐等服务，"一贷通"使银行在贷前、贷中、贷后各个环节都能进行风险控制，既提高了贷款效率又降低了贷款风险。

平台促进了资金供需高效链接。"一贷通"作为"互联网+大数据"平台，促进了企业（个人）的融资需求与银行等金融机构放贷需求快速有效对接，提升了政府金融服务效率，节省了中小企业融资成本，有效推动了数字金融服务支撑实体经济的发展。

（3）促进政企数据融合

为解决信用相关数据分散在金融机构、政府内部各相关业务司局，无法对多源数据进行融合分析利用以支撑决策的问题，"一贷通"数字金融服务平台在主体的授权下，接入涉及社会信用信息的税务、人社、市场监管等多个政府部门的数据，将其与新闻媒体、社交媒体等互联网数据以及社会数据进行对接融合。基于对接融合的数据搭建大数据风控模型，对用户的生产、经营、消费等数据进行分析（政府的原始数据不来自政务网，采取模型运算结果对外输出的模式），准确反映用户的信用状况，信用质量直接与用户能否获贷、贷款额度挂钩，从而帮助银行等金融机构提高放贷效率，降低放贷风险，并有效缓解中小微企业融资难、融资贵的问题。

由于信用信息分散在不同部门的特殊性，需要打破数据壁垒，对各级各类政府部门的大量相关数据资源进行汇聚融合。以"一贷通"在安徽省六安市落地的融资信用信息服务平台为例，该平台目前已接入34个政府部门的数据、305个政府数据目录和2亿条以上政府数据，覆盖20余万户企业，数据涉及市场监管、公安、环保、税务、金融等方面，为银行向企业放贷提供了客观的数据决策依据（见表4-1）。

表4-1 政务数据与社会数据对接融合表（部分）

类别	单位	关键数据项
政务数据	税务局	纳税人登记信息、纳税人变更信息、申报信息、企业减免税信息、企业纳税信用等级、欠税信息、行政处罚信息、企业违法涉税信息、稽查案件查补罚信息、纳税人纳税信用信息、个人所得税信息、欠税公告信息
	房管局	房产抵押信息表
	人社局	单位参保人数、单位参保缴纳额
	公积金管理中心	单位缴纳人数、单位缴纳金额、公积金行政处罚信息
	金融办	信贷黑名单
	公安局	人口信息、地址信息、治安违法信息、个人车辆登记信息、驾照信息、交通违法信息
	市场监管局	黑名单、失信企业名单、严重违法信息
	法院	涉企强制执行信息
企业数据	供电公司	企业用电信息
	水务公司	企业用水信息

4.4.2 创新金融科技，BBD助力中小微企业信贷管理

2019年9月，国家发展改革委、银保监会发布《关于深入开展"信易贷"支持中小微企业融资的通知》。通知指出，深入开展"信易贷"工作，是落实金融供给侧结构性改革要求的重要举措，有利于破解中小微企业融资难题，畅通金融体系和实体经济良性循环，支持金融机构创新中小微企业融资产品和服务。

为积极响应国家号召，在国家部委、各级地方政府、金融机构的大力支持下，BBD（成都数联铭品科技有限公司）充分发挥大数据金融科技企业的独特优势，以大数据为依托，以信用信息为基础，以中小微企业为服务对象，积极以科技创新助推普惠金融发展，全力解决中小微企业融资难、融资贵、融资慢的问题，取得了积极成效。

1）创新技术，建立中小微企业融资全息风险识别体系

（1）在政府的支持下，形成内外部融合信用大数据体系

中小企业经营风险高、不良贷款率高、银行信贷成本高等造成银行不敢贷，究其根本是信贷信息不对称，银行难以实时掌握企业经营状况，风险管理难度大。BBD 在与北京、重庆、贵州、安徽等地金融机构的合作过程中，结合企业纳税、烟商户经销、中药材订单经营等不同应用场景，通过整合"企业公共信用数据""银行信贷交易数据""企业贸易交易数据""企业社会活动信用行为数据"等多源数据，形成四位一体的大数据信用体系，充分运用大数据技术对内外部数据开展治理，形成为中小微企业信贷管理提高数据处理能力和提升工具能力的系统中台。

（2）与金融机构合作，重构高效风险控制管理体系

大数据信用体系以数据为驱动，以大数据技术为手段，实现了对小微企业信用行为的全息画像，对小微企业实行智能分层管理，重构小微企业信用评价体系和风险管理体系，构建具有行为化、全息化、图谱化、智能化、动态化、自动化六大特点的智能信贷平台，形成贷前全息认识客户、贷中精准评价客户信用、贷后风险监测预警客户的全息大数据风控体系，做到线上申请、线上审批、线上放款，既方便了中小微企业融资，信贷风险也得到了有效控制。

目前 BBD 与多家银行合作的线上信贷产品，既包括纯信用类贷款，如银税贷、商超贷、发票贷，也包括抵押、保证类贷款，如房抵极速贷、供应链金融，为不同行业、不同规模、不同资质的中小微企业提供了丰富多样且快捷有效的融资路径。以"好企贷"产品为例，2016 年，重庆银行联合 BBD 创新研发了首个小微在线信贷产品"好企贷"。该产品实现了在线申请、智能秒批、自主放款的全线上化流程，消除了金融机构与企业之间信息不对称的壁垒，打破了小微企业融资难、融资贵、融资慢的困局。由于深受金融机构和企业好评，2017 年"好企贷"产品被评为全国

普惠金融优秀案例、2017年全国十佳互联网金融创新产品。由于多方数据的融合，解决了信息不对称难题，加之大数据技术赋能，经过4年的运营，银行放款近100亿元，不良贷款率近1%。

2）创新服务，重点解决中小微企业融资难、融资慢、融资贵的问题

（1）重点解决中小微企业融资难的问题

一方面，BBD汇集自有数据、银行信贷数据和业务场景交易数据，并运用大数据技术，实现对中小微企业信用行为的精准刻画，打破了银行与中小微企业客户之间信息不对称的数据壁垒；另一方面，依托BBD强大的研发团队，利用业界领先的大数据处理、分析与建模技术，还原了中小微企业的信用行为特征、信用状况和风险画像，为银行精准管理风险提供了高效工具，并将其用于线上信用贷款、贸易融资、产业链融资等多种业务场景，解决了银行对中小微企业风险管理的核心难题（如图4-5所示）。

图4-5　信贷模型在线审批框架

（2）重点解决中小微企业融资慢的问题

BBD通过与银行合作，再造了银行的线上信贷业务流程，重构了中小微企业大数据信用风险评价体系，帮助中小微企业摆脱了繁杂的贷款申请及审批流程，不再提供各种各样的纸质申报资料，只需要通过手机App填录和上传企业基本信息，就可以完成在线申请、智能秒批、自助放款，真正实现足不出户即可获得银行的信贷支持，大大缩短了中小微企业融资的时间，也大幅提升了银行的工作效率。

以房屋抵押贷款为例，从客户申请到银行尽职调查，再到审批、办理抵押手续和放款，在银行传统信贷审批流程中，一般至少需要15个工作日，而BBD研发的房抵极速贷，最快只需要3天就可以实现放款，从而满足了中小微企业信贷资金使用"短、频、快"的需求。

（3）重点解决中小微企业融资贵的问题

BBD运用大数据技术，不仅解决了信息不对称的痛点问题，而且通过对互联网技术的应用，大幅缩短了业务流程，真正实现了"秒批""秒贷"，满足了小微企业对资金"短、频、快"的需求，有利于企业根据自身经营特点灵活安排资金，实现按需申贷，避免出现"短贷长用"现象，有效降低了企业的直接融资成本。同时，良好的操作体验感让企业随时随地可以自主申请贷款，取得"去中介化"的效果，大大降低了中小微企业的实际融资成本。

此外，BBD利用大数据技术搭建风控平台，将传统的线下信贷审查线上化，节省了金融机构的人力成本及管理成本，提高了信贷审批效率，同时，通过政府部门积极拓宽获客渠道，建立贷款风险补偿机制，为金融机构有效降低融资成本提供了保障（如图4-6所示）。

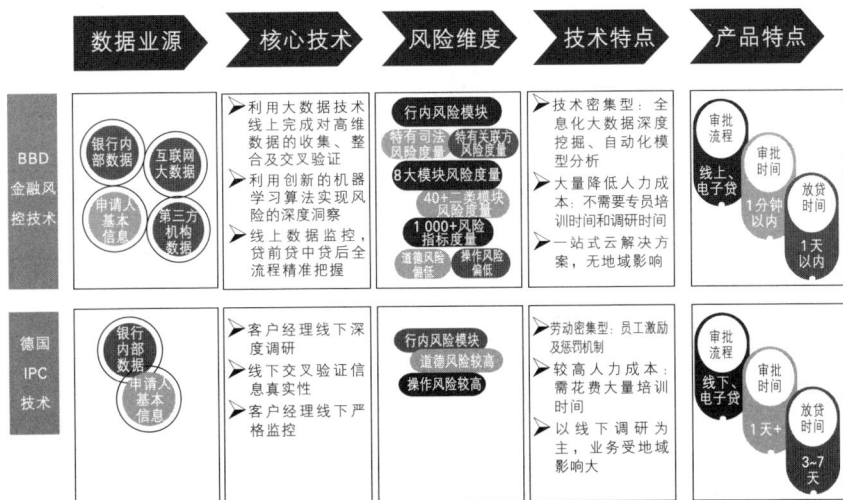

图4-6　BBD金融风控技术优势

4.5　教育行业数字化转型典型案例

教育是国之大计、党之大计。习近平总书记在十九大报告中指出，建设教育强国是中华民族伟大复兴的基础工程，必须把教育事业放在优先位置，深化教育改革，加快教育现代化，办好人民满意的教育；高度重视农村义务教育，努力让每个孩子都能享有公平而有质量的教育。同时，李克强总理也在全国教育大会上指出，要坚持改革创新，坚持教育公平，促进区域、城乡和各级各类教育均衡发展。着力改善乡村学校办学条件、提高教学质量，注重运用信息化手段使乡村获得更多优质教育资源。"十三五"以来，党中央高度重视教育工作，始终把教育摆在优先发展的战略地位，开启了加快教育现代化、建设教育强国的历史新征程。

近年来，我国教育事业迅速发展，各级教育普及水平不断提高，教育信息化也取得了突破性的进展和历史性的飞跃。2019年全国教育事业发展统计公报显示，2019年国家财政性教育经费支出首次超过4万亿元，占

GDP的比例继续保持4%以上的水平。教育发展成果惠及全体人民，2019年，全国学前教育毛入园率达83.4%，比2000年提高37个百分点；义务教育巩固率为94.8%，普及程度达到世界高收入国家平均水平；高中阶段教育毛入学率为89.5%，是2000年的2倍；高等教育毛入学率为51.6%，是2000年的4倍。国民素质也有了明显提升。2019年，我国劳动年龄人口平均受教育年限10.7年，其中受过高等教育的比例为23.4%。新增劳动力平均受教育年限13.7年，其中受过高等教育的比例已达50.9%。

但另一方面，当前，我国教育领域仍存在一些亟待解决的问题，其中教育的城乡差距、区域失衡、校际差距等公平性问题较为突出，其根源在于教育资源的分布存在时空局限性。此外，疫情影响下学校全面停课，传统的线下教育模式受到极大挑战，由此引发了一场对当前教育方式的反思。"互联网+教育"使"停课不停学"成为可能。大数据、云计算、人工智能等数字技术与教育行业的深度融合推动着教育领域的变革。一方面，互联网教育通过互联网的思维模式和解决方法打破了固有的时空局限性，使得优质教育资源的共享和教育公平成为可能，教育效率得以提升，教育体验逐渐优化，教育选择也极大丰富；另一方面，大量资本涌入教育市场，行业内部竞争促进了产业创新和产品升级，有力地推动了教育变革。同时，运用大数据技术对教育管理质量进行动态化监测，极大地推动了质量变革。

本部分选取了两个教育数字化领域的典型案例：一是聚焦缩小区域间教育差距、向偏远农村地区输送优质教育资源，赤玖大数据公司开展的创新实践；二是疫情期间在教育数字化领域发挥重要作用的"钉钉"。

4.5.1 助力教育均衡发展，赤玖大数据实践互联网时代的教育创新

互联网教育通过互联网的思维模式和解决办法能提升教育的效率、优化教育的体验、丰富教育的选择。互联网教育产品的目标用户包括上级单位、学校、教师、家长和学生。不同的用户有不同的需求。上级单位，如

国家、省、市教育机关希望通过互联网教育产品动态掌握辖区内教育数据，方便监督决策，更有力地实现教育公平与均衡发展。学校对教育产品的需求包括数字化校园建设、教务管理、教研、教师综合管理评价等。学生/家长的需求是学生学习、学生综合评价、家校沟通等。教师的需求是减负、提升、日常管理等。

面对身份不同、年龄不同的互联网教育产品用户，赤玖大数据公司从以下三个方面着手进行互联网教育产品创新，搭建数字教育平台：

1）向偏远农村地区输送优质教育资源，提升区域教学质量

如何让偏远地区的孩子也能享受到与大城市的孩子一样的教育资源？如何让北京海淀的名师资源能影响到偏远地区的教育？通过互联网！要影响孩子，先培养优秀的老师。师训平台可以通过互联网技术对教育资源进行数据整合和优化配置，让学习资源发挥的效用越来越大。优质的学校、教师和教学资源的共享，可以为经济欠发达地区、缺乏优秀师资力量的地区提供补齐知识技能短板、缩小地域知识文化水平差距的有力武器。

在试点学校——江西省上饶县石人乡中心小学，这个最偏远地区的小学，老师通过赤玖公司研发的师训平台进行在线学习。短短一年时间，全乡在平台学习的100多位老师中，有1/3的老师——30余人次获得部委、省、市、县优课奖项，这对于偏远山区的老师来说是革命性的突破。

在2017—2018学年全县中小学学校教学综合评比中，该校综合排名上升15位，从末尾跨入全县中上水平。因为有了全国优质的教师学习平台，老师的教学水平得到了显著的提升，学生的学习成绩也有明显的提高。试点班级的学生语文、数学、英语平均分、及格率、达优率均较之前有较大幅度的提升。某个试点班级的语文平均分提高了8分，及格率提升了11%，达优率提高了15%。

2）基于对国家政策及当地教学、管理场景和用户的理解，建立基于大数据的教育智能决策系统

义务教育均衡发展是党和国家的战略，是民生之举，在新时代中国特色社会主义伟大实践中，担当着历史性的重要任务。全国义务教育均衡发展基本均衡县（市、区）督导评估认定工作每年定期启动督导评估与复查，着力解决区域内城乡间、校际间发展不均衡问题，努力办好每一所学校，努力让每个孩子享有公平而有质量的教育。

在督导反馈意见中，更加注重大班额、大校额、校园安全、择校热等义务教育社会热点难点问题，更加注重政府履职、布局调整、教师编制、学校用地、督导权威等深层次体制机制问题。义务教育均衡发展在改善办学条件、优化教师队伍、缩小校际差距、促进质量提升、关爱特殊群体等方面取得了显著成效。系统自2013年启动，截至2018年2月已有2 379个县通过评估。

同时，在国家启动督导与学校迎检的过程中，教育上级管理部门及学校缺乏方便、友好、动态化的信息服务平台。赤玖公司研发团队通过在全国各地广泛调研，深入教学及管理一线，与学校校长、信息化负责人广泛沟通，反复打磨，试点运行，研发了教育督导系统、教师管理平台、学生管理平台、资产管理平台，方便上级管理部门与学校动态化督导及自检义务教育均衡发展指标，实时掌握学校运营情况，了解每一位老师与学生的个性化成长情况（如图4-7至图4-9所示）。

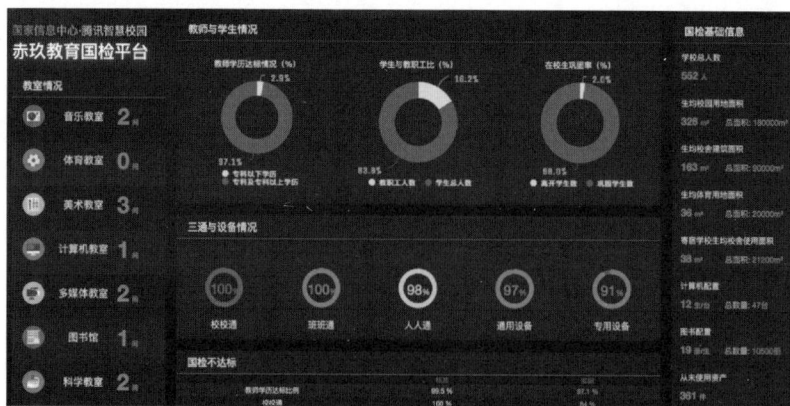

图4-7　赤玖教育督导平台

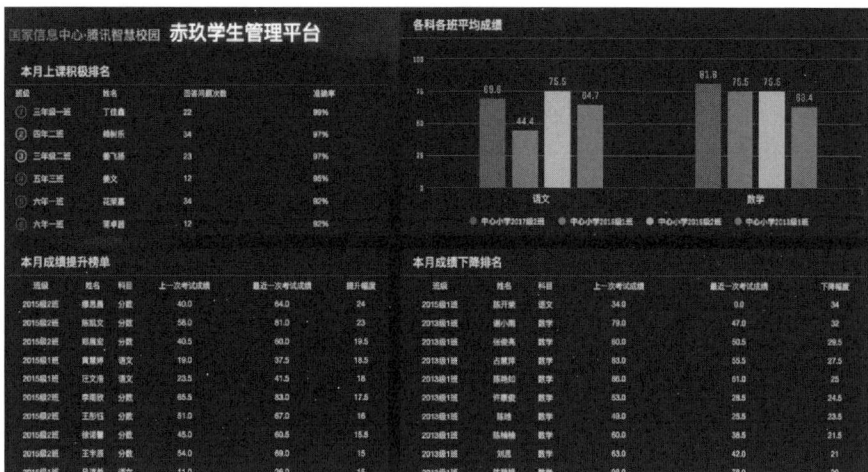

图4-8　赤玖学生管理平台

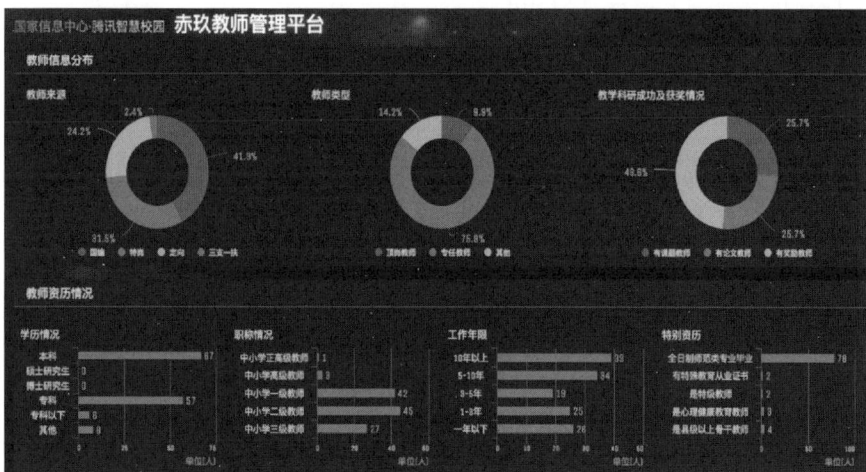

图4-9　赤玖教师管理平台

上级管理部门、校方可实时精准督导学校办学条件是否达标，以及功能室与教学仪器设备的使用情况。对教育管理质量进行动态化监测，为国家在义务教育阶段均衡化投入决策提供方便统一的管理和分析平台，为个性化评价学生、教师、学校提供了综合依据。

3）用互联网的思维模式为教育均衡服务，提升教育智能管理服务水平

互联网思维的关键词包括小步快跑、开放共享、用户至上、随时随地、成本优势和数据积累。互联网的优势来自两个方面：一是成本优势，可规模化，扩大生产而不带来边际效应；二是数据优势，依靠生态系统积累数据，延伸出更多服务。赤玖公司在与学校多次接触的过程中，发现目前很多学校的报名、缴费等方式非常传统，学校经常需要接收现金，工作烦琐，效率低。学生家长需要到校或将现金交给孩子才能完成缴费。班主任、家长、财务人员收费、缴费、统计均不方便。如何快速做一款方便老师、家长、财务人员的报名收缴费小程序？如何用互联网的思维来设计这样一款应用呢？

赤玖公司用了在互联网研发设计环节的Kano模型（如图4-9所示）来规划这款应用，将这款应用的需求分成三类：第一类是必备需求，这类需求的特点是如果不满足的话，用户会很不满意；满足了的话，用户也会无所谓。第二类是期望需求，这类需求的特点是不满足的话，客户会不满意；如果满足的话，客户会满意。第三类是魅力需求，这类需求的特点是不满足的话，客户无所谓；满足的话，客户会满意（见图4-10）。

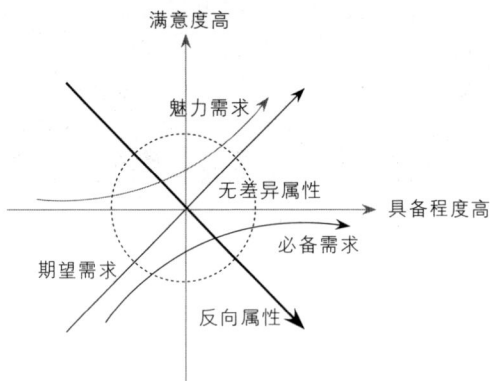

图4-10 Kano模型

赤玖公司在研发的过程中区分不同的需求，确定需求需要实现的程度，预测可能带来的用户反响，以校准预期和目标，研发出了一款"校元宝"的小程序。

这款小程序上线以后，用于学校的开学缴费环节，大大方便了学校、老师、家长、财务人员的工作。使用"校元宝"缴费的效率也比传统报名缴费方式提高了50%。

展望未来，互联网教育创新要对行业和用户需求有自己的理解，需要有一个非常精准的尺度，既不能无视行业发展的现状，也不能慢于用户当下的需求。

赤玖公司在互联网教育产品的研发过程中遇到的最大困难，既不是运营网站的经验不足，也不是技术的复杂程度与体验，而是与传统教育体制的冲突、与用户理念的碰撞以及对教育行业的理解。只有深入理解国家政策，了解教育行业，深入调研，快速验证，才能打磨出有用、好用的互联网教育产品。

4.5.2 升级在线教学应用，钉钉助力疫情期间"停课不停学"

受新冠肺炎疫情的影响，2020年年初，各大中小学纷纷推迟返校时间，采用线上教学的方式，全国多地都涌现出了令人动容的学习画面。"学生们对知识的渴望，让我们深感责任重大，我们必须保障平台稳定不崩溃。"为了满足师生们的需求，钉钉一直在更新迭代。疫情暴发后，钉钉意识到在线教学的需求，迅速升级了钉钉群直播能力。在阿里经济体多团队的协同下，第一时间向全国发布了"在家上课"计划，响应教育部"停课不停学"的要求，免费支持全国大中小学在线教学。据介绍，钉钉在线教学产品主要包括群直播、视频会议、多群联播和"在线课堂"，可满足"停课不停学"多场景需求。在新东方教育科技集团董事长俞敏洪看来，钉钉在学生和老师的远程教学对接上起到了重大的作用。"从长远来看，像钉钉这样的应用，会极大地改善贫困地区的教学质量。"从最发达的北上广深等地区到相对偏远的农村山区，免费的数字化技术正在惠及中国每一个角落，让中国的师生成为数字教育的受益者。

数据显示，疫情期间，钉钉支持了全国30多个省份的14万所学校、300万个班级、1.3亿学生的在线上课，接近全国一半的学生。600万名老师在钉钉上累计上课超过了6 000万小时。针对很多老师第一次接触网课的情况，为了帮助他们掌握在线化、数字化技术，钉钉还推出了"数字化教师"培训计划。截至2020年3月31日，已经培训超过100万名数字化教师。

随着疫情的缓解，全国各地学生陆续返校上课，但钉钉并未退出大众视野，相反却通过升级适应多场景需求，成为众多学校返校的必备数字化工具之一。如2020年4月13日，是浙江省初三和高三年级学生返校的第一天，包括海宁市第一初级中学在内，许多学校的门口前，学生井然有序地通过测温枪测温后入校。通过钉钉提供的数字化措施，每个学生的入校过程只要3秒钟。在浙江省的杭州、宁波、温州等城市，7 000多所学校用钉钉平台进行数字化复学复课。"这段时间，家长每天通过钉钉完成健康打卡，守护安全入校第一关。打开智能填表统计功能，5 000多名师生的健康状况一目了然。"杭州市学军小学校长表示，在这次疫情中，杭州市学军小学的老师和孩子们通过钉钉群、班级圈等功能，可以很方便地自主开展线上学习。

开学后，学校通过群直播，1万多名家长不用出门，也顺利完成了视频家长会。钉钉提高了老师的工作效率，让每一位老师每天节约半小时工作时间。"感谢钉钉，让教育也搭上了数字化时代的快车，让学校拥有了自己专属的学习和工作方式。"疫情之下，钉钉支撑起全国几亿用户上班和上课，可以说，它已经成为数字化工作学习的基础设施，发挥着数字新基建的作用。

"这次疫情把所有人都逼到了线上，这对在线教育是一次推动。"俞敏洪在接受采访时认为，未来疫情结束后，大量老师和学生仍会使用在线工具助力他们的工作和学习。新冠肺炎疫情是一场灾难，但也是一个转折点，让人们看到了数字化的巨大价值。对教育行业而言，数字化变革是一个循序渐进的过程，但已经有人走在了前面。

杭州市学军小学教育集团就是钉钉的专属设计客户。学校表示，学军小学几个校区在钉钉的大力支持下，迈出了由传统学校向未来学校蜕变的重要一步。"教育要面向我们的未来，而不是过去。"5G、大数据、云计算……在数字化时代，数字校园建设刻不容缓，教育行业也需要与时俱进。钉钉为数字化校园提供了平台，帮助学校实现了云办公和移动办公。在钉钉工程师的帮助下，学军小学重新优化了组织架构，定制了具有学军小学特色的工作台，让每一位管理者、教师和家长自定义工作界面，找到自己需要的功能。而在学校里，菜鸟物流快递柜、产品支付、访客门禁系统等都通过人脸识别系统提供服务。"每个人都可以找到自己的应用，每个人都拥有不同的应用。我想，这就是个性化，这就是专属。"张军林说。

通过使用钉钉，越来越多的学校被评为智慧校园，甚至入选教育部优秀案例。枣庄市峄城区阴平镇中学创立之初，师资缺乏，教学设施不完善，学生成绩一直处于镇里学校末尾。但使用钉钉后，学校不到一年就完成了逆袭。此次疫情期间，通过钉钉云课堂，仅阴平镇中学初中、小学两个级部就累计推出直播课程840余节，听课学生累计6万余人次。而"钉"助信息化、"钉"筑教育梦——基于互联网+下的"钉钉云课堂"建设案例，也成为山东省唯一一个入选教育部"疫情防控期间教师在线教学组织实施工作优秀案例"的农村学校。

"钉钉将对未来的中小学教育模式和教育方法产生巨大的影响，特别是为经费紧张的农村中小学在均衡教育资源、进行信息化学校的建设上探寻了一条可行之路。"阴平镇中学副校长、小学部校长刘伟说，农村学校受资金所限，想采用信息化助学手段开展教学，原本是遥不可及的梦想，但通过对钉钉平台各板块功能进行自主组合搭建，阴平镇中学形成了一个完整的钉钉双师云课堂教学闭环流程。

经费有限，是制约很多地方教育发展的一个因素，但钉钉可以有效地帮助学校降低运营成本。统计显示，以200个学员规模计算，一家教培机构每年花在消课系统上的费用就有5 000元之多，招生管理系统则花费1万元。如果使用钉钉的免费开放消课、招生系统、服务日报、云课堂等产品，每年可以节省超过9万元。当然，这还不包括钉钉提供的基础功能的价值。同为智慧校园的杭州市育才外国语学校副校长倪勤在介绍数字化经验时表示，学校借助钉钉搭建了一个扁平化管理网络，可以帮助老师轻松实现教研组长、备课组长、中层管理者等多个身份的转变。利用钉钉平台数字化填报，老师们可以在后台直接生成课程设置数据，提升了工作效率。而学校的各种数据，也对学校管理决策起到了支撑作用。"从最初把教学内容搬上网络的内容数字化时代，到这次受疫情影响把教学过程搬上网络，逐渐步入平台数字化，教育和数字化技术的融合正在提速。"首都师范大学教授、北京市基础教育信息化实验教学示范中心主任王陆说，移动化、在线化、智能化的数字化平台，为学校立体化的人才培养提供了有效支撑。在钉钉数字化平台上形成的知识共同体，正是未来数字化校园的雏形。

一场疫情让中国乃至世界都开展了大规模的在线教育，也推动着教育往前迈进了数字化的新时代。数字化趋势日益明显，市面上的数字化工具和平台也如雨后春笋般琳琅满目。不过，数据显示，钉钉更受学校青睐。

程功教育表示，程功教育最开始只是使用了钉钉的办公功能，方便老师教学和解决分校的各项审批签字问题。慢慢地，程功教育发现，钉钉可以使用的功能还有很多，如工资条、智能会务、直播授课等。像程功教育一样，众多使用钉钉的学校一致表示，使用家校沟通群、已读未读、DING等功能，可以提高工作效率；而免费的直播功能和视频会议功能，既可以解决上课问题，又不会增加运营成本。"钉钉提高了公司的抗风险能力。作为教培行业，抗击风险的能力本来就不大，但是钉钉的出现，让停工不停学变成了现实，大大提高了抗击风险的能力。"格瑞特教育董事长曾思海说。面对突如其来的疫情，格瑞特受到了很大的冲击，但通过钉钉日志、会议等进行各项工作的安排和检查，实现了停工不停班。目前，格瑞特教育所有班级都建立了钉钉班级群，不间断地使用钉钉直播、钉钉作业本、家校本，给学生提供额外的教学服务。"我们会一直使用下去。"曾思海说，公司使用钉钉已经快 3 年了，刚开始用时大家都还非常不习惯，但随着钉钉的办公功能越来越完善，大家已经逐渐喜欢上钉钉。钉钉给学校的工作带来了很大的便利，很多的手续可在钉钉上直接办理，信息发布一目了然，不推诿不扯皮。更重要的是，钉钉平台稳定，工作留痕。

作为一开始就定位于工作沟通的钉钉，一直把稳定、安全放在首要位置，希望通过自己的努力，让企业、组织打造出真正完全属于自己的数字化协同平台。据钉钉原 CEO 陈航介绍，钉钉在隐私安全上做了大量的工作，标准版已经提供了大量保障企业安全的功能。而专属安全在标准钉钉安全的底座之上，又针对有特殊安全需求的企业和组织，提供了更加个性化的安全管控能力，安全功能强化，全面升级。

4.6 医疗行业数字化转型典型案例

习近平总书记强调，要构建起强大的公共卫生体系，为维护人民健康提供有力保障。随着人民生活水平的不断提高，医疗健康日益成为民众关注的焦点。医疗卫生服务作为一项最基本的公共服务，其有效供给是提高国民健康水平、保障经济社会稳定的基础。中华人民共和国成立初期，我国虽然医疗资源匮乏，但是依靠高效的行政手段建立起了覆盖城乡居民的基本医疗服务体系，实现了对有限医疗资源的科学配置与合理利用，完成了对常见疾病的预防和控制，快速提升了国民健康水平。2020 年已经是我国开启医改的第 35 年，国家在医疗服务机构建设和居民的基本医疗保障方面都投入了巨资，回顾医改之路，近 10 年来所取得的成绩是最为显著的，在很大程度上回应了长期以来群众所高度关切的一系列医卫领域热点难点问题，但医疗服务水平却始终未能实现与居民物质生活水平的同步提高，优质的医疗资源依然集中在大型城市的少数公立医院中，且有愈演愈烈的趋势，"看病难"和"看病贵"这两个困扰了人们几十年的问题还没有从根本上得到解决。2020年突如其来的新冠肺炎疫情更是加重了医疗系统的负担，这对医疗行业而言既是挑战也是契机，因为线下就诊受阻，移动App、微信公众号、医药电商等各种在线义诊活动纷纷涌现，使得互联网成为很多医院、医生抗击疫情的第二战场，智慧健康管理、远程医疗的概念走入了我们的视线，这在很大程度上改变了健康医疗服务的模式，加速了全球医疗产业的发展。

近年来，伴随着利好政策的不断出台、后疫情时代新常态下催化的医患需求，"互联网+医疗"行业呈现出蓬勃发展的态势。如何借助大数据、AI人工智能等科技，赋能医疗健康事业是当前非常重要的议题。互联网医疗作为互联网、数字技术与医疗健康行业深度融合的一种新业态，为患者提供在线诊疗、健康咨询、随访复诊等服务，正深刻改变着传统诊疗模式，逐渐成为我国医疗服务领域不可或缺的一部分；在优化医疗资源配置、提高医疗服务质量和效率、改善群众看病就医体验、降低患者就医总成本等方面体现出重要价值，对缓解当前优质医疗资源分布失衡导致的看病难问题具有重要意义。

世界卫生组织表示，2020—2030年可能是数字技术重塑医疗系统的关键10年。互联网医疗快速发展，始终保持年复合增长率30%以上的高增长态势。据36氪研究院统计，包含问诊医疗、远程医疗等环节的狭义互联网医疗市场规模在2020年达到330亿元，其中平安好医生已经形成在线医疗、消费型医疗、健康商城、健康管理及互动等重点业务板块，2019年实现营业收入50.65亿元，同比增长51.8%，截至2019年年底注册用户数达3.15亿；阿里健康作为阿里集团的医疗健康"旗舰平台"，在过去5年已从一家单一的医药电商逐渐发展成为多业务抓手的线上医疗健康服务平台，2019年全年营业收入50.96亿元，同比增长109.4%；红杉资本、复星、高盛、腾讯等投资的微医集团2018年融资5亿美元，实名注册用户已超过1.6亿个，2020年3月公司旗下互联网医院共约46家，分布在全国16个省40个地市行政区，并与全国100多家医院合作建设医联体，搭建了包含微医全科、社区卫生服务中心和药诊店在内的1.9万家医疗健康服务网点。①

这里选取了包括仙桃智慧医疗、碧拓科技红外测温分析、深睿"医疗+AI"、推想"CT+AI"4个制造业领域数字化转型的典型案例，旨在展现当前国内医疗数字化的路径与经验。

4.6.1 推动医疗系统云化升级，金山云助力建设健康仙桃

仙桃是湖北省直管县级市，是国家园林城市和国家卫生城市。截至2017年年底，仙桃市共有卫生机构991家，其中医院23家，基层医疗卫生机构962家，专业公共卫生机构6家。卫生技术人员6 868人，其中执业医师和执业助理医师2 640人，注册护士2 809人。医疗卫生机构床位5 306张，其中医院3 878张，卫生院1 299张，社区卫生服务中心129张。

从数据可以看出，仙桃虽然每千人拥有4.4个床位，但距离2020年我国每千人床位数达到6个的目标仍有差距；而每千人1.7个医师的现状，相较2020年每千人达到2.5个医师的要求也有着不小的距离。在严峻的现实面前，仙桃市卫健委的领导们苦恼不已。

实际上，不止在仙桃，我国绝大部分三四线城市及以下地区都面临同样的尴尬，即由医疗资源不足、资源分布不平衡引发的一系列问题：老百姓看病难、看病贵、看病远等。为有效破解城乡卫生资源不均衡这一长期存在的结构性问题，2015年12月，习近平总书记在江苏视察时指出，要

---

① 邢相烨. 央企应协同推动远程医疗 服务疫情防控和公共卫生体系建设[J]. 国有资产管理,2020(1).

推动医疗卫生工作重心下移、医疗卫生资源下沉，推动城乡基本公共服务均等化，为群众提供安全有效、优质价廉的公共卫生和基本医疗服务。因为没有全民健康，就没有全面小康。于仙桃市而言，则是没有全民健康，就没有水乡田园城市。

2017年11月，仙桃市人民政府办公室批复同意《仙桃市推进医疗联合体建设和发展的实施意见》，其中规定了细致的考核标准，要求到2020年，在医联体内部不同类别、不同级别的医疗机构间建立目标明确、权责清晰的分工协作机制，形成责任共同体、利益共同体、风险共同体，基本实现基层首诊、双向转诊、急慢分治、上下联动的分级诊疗模式。

仙桃市卫健委借着《国务院关于积极推进"互联网+"行动的指导意见》《国务院办公厅关于促进和规范健康医疗大数据应用发展的指导意见》《国务院办公厅关于促进"互联网+医疗健康"发展的意见》等一系列国家政策的东风，一场以"让百姓少跑腿，让数据多跑路"为原则，以"健康仙桃"为目标的智慧医疗建设布局开始了。

几乎和所有地区智慧医疗建设面临的困难类似：基层医疗机构数据不准确、不完整，医疗机构内数据不标准、不规范，医疗机构间数据不互联、不共享，医疗机构人员对互联网+、大数据等新技术手段不了解、不积极，种种令人尴尬的现实，让智慧医疗建设之路充满坎坷。

金山云是国内云服务前三名企业，在医疗、政务、金融、视频等一系列专业领域遥遥领先。智慧医疗建设是一项庞大的系统工程，涉及多部门、多单位、多区域，选择具有头部资源的云服务公司已成为行业共识。凭借在智慧医疗领域的丰富经验和对健康仙桃需求的准确把握，金山云强调顶层设计，倡导统筹资源集约建设，并分步实施，最终被遴选为仙桃市智慧医疗建设的承建企业。

在仙桃市政府及卫健委领导的大力支持下，仙桃智慧医疗系统工程紧张而有序地建设开来。在保护原有IT投资的前提下，经过大半年的高效工作，金山云帮助仙桃市建起了一个中心两大平台：仙桃大数据云计算中心（加金山专属云）、仙桃市全民健康信息平台和仙桃市医共体服务平台。

1）搭建健康信息平台，实现医疗信息云升级，助力医疗数据综合利用

一个中心两大平台建设是仙桃实现医疗资源"合纵连横"最为关键的一步——基层医疗机构系统全部云化升级，解决基层数据不准确的长期难题；数据平台覆盖市直3家医院、全市基层医疗机构，纵向贯通省、市、乡镇、村4级医疗平台及系统，横向联通医院与医院、医院与医保、诊疗与公卫、家医与个人等应用系统，为全面实现医疗数据的综合分析利用、医疗资源的高效运用奠定了坚实基础。而与此同时，多项便民、利民、惠民的信息应用同步上马，收效显著。

2）打破禁锢，突破"院墙"，开通自助、扫码、网约项目，大幅改善患者就医体验

为有效解决患者看病问诊"离线"问题，一个中心两大平台就要提供全方位、多渠道的线上线下医疗服务。一是自助服务。配置自助一体机自助完成诊疗辅助服务，缩短市民就医排队等候时间：自主挂号、缴费、查询费用、打印报告单。二是移动缴费。购置微信支付语音播报显示屏，打通医院财务系统，手机扫二维码即可轻松缴费。三是搭建"健康仙桃"App，开通预约挂号、健康信息查询、在线问诊、生成居民电子健康卡等功能，甚至与医生在线视频互动。四是启用智能服务包。在手机App的基础上，居民在家也可使用家庭电视签约、查询，和签约医生在线视频。签约医生利用一个平板电脑、一套一体化便携式体检设备（含血压、血糖、体温等）开展在线工作，完成一次签约随访只需3~5分钟，极大提高了服务效率。

3）打破信息孤岛，整合体检、公卫、医疗数据，实现了健康信息资源共享

一个中心两大平台从根本上解决了医疗机构数据各自为政、信息不联不通的顽疾。一是织密了专网。全面整合公共卫生服务、家庭医生签约、计划免疫、妇幼健康、血液、医院信息管理等庞杂孤立系统，编织成一张覆盖市、镇、村3级医疗卫生机构、功能齐全、应用超前的医疗服务专网。二是建成仙桃医疗健康大数据库，医疗机构可全程实时上传各类数据，形成规范长效机制。三是开发数据治理平台。对市民健康数据进行全面整合清理，医生通过平台查看患者健康档案、历史就诊信息和用药信息，以提高诊断效率，避免重复检查，节约患者就医成本。

4）打破时空局限，实现关联人员、影像、视频连接，在线联通，上下联动

一个中心两大平台对接省级医院，协调市级医院，指导镇级医院，高标准完成了远程会诊系统建设。一是远程诊疗模块联通省、市、镇、村。以市第一人民医院为远程诊疗中枢，向上联通北京协和医院、省人民医院、中南医院，通过专科联盟间一对一、一对多的直接对话，开展远程会诊、指导、培训；市内与市中医院相互联通，实现疑难杂症市内专家随时在线会诊；对下联通镇卫生院、村卫生室，提供心电、影像基础诊断。二是远程工作站开通在线诊断。在市第一人民医院设立了远程影像和远程心电诊断中心，各设立5个远程诊断工作站，指派29名影像和心电专家，3分钟内完成镇卫生院、村卫生室上传的心电和影像诊断。截至2018年12月底，工作站完成远程心电诊断4.4万多例、远程影像诊断1.6万多例，镇级心电诊断阳性检出率高达62%。三是远程会诊中心畅通双向转诊渠道。远程会诊系统搭建起省级三甲医院、市直医疗机构、镇卫生院双向转诊平台，通过无缝对接，在线提供转诊建议和服务，合理控制市域外就诊，使县域内就诊率达到90%以上。四是互联网医院试运行。目前，市第二人民医院远程医疗工作室上线运行，具备常见病和慢病患者在线复诊及合理用药管理、疑难病患者远程会诊和远程医学视频教育学习等功能。

5）打破监督壁垒，通过云计算、大数据、人工智能，对医疗信息进行比对、分析和评测，实现对违规诊疗行为的智能监管

一个中心两大平台通过对接，医生书写的电子病历、开具的检查单据和处方都能同步上传到智能监管平台，对数据进行智能审核分析，一旦出现可能违规的诊疗行为，平台自动弹出警诫语，对大处方、乱检查进行事前提醒、事中告诫和事后审核；对拒不理会提示仍坚持违规诊疗行为，一律记录汇总，定期通报和落实处理。截至2018年12月末，已审核单据8万多条，提醒单据达500多条，实现了对不良医疗执业行为从制度约束到技术管控的跨越。

在仙桃卫健委与金山云的紧密协作下，仙桃智慧医疗一期工程建设取得了重大实效，二期工程也正有序展开。二期工程建设将继续以人民健康为中心，在云计算、大数据、物联网、人工智能应用方面全面发力，运用高科技手段为仙桃人民的健康保驾护航。

4.6.2　专注红外测温研发，碧拓科技助力城市守住第一道大门

在2020年的防疫攻坚战中，政府各部门、医疗机构、企业单位等各条战线全面出动，齐心协力，与时间赛跑、与疫情抗争。其中，数字化解决方案的应用，在整合医疗资源、提高工作效率、避免交叉感染等方面发挥了极大的作用。

体温监测是判断新冠肺炎的重要手段。在春运期间，机场、火车站等区域人流密集，大量人员通行时快速寻找超温目标者非常困难。红外测温设备可实现非接触、远距离、大面积检测，能快速响应，精准识别，确保不遗漏目标，因此成为防疫工作的重要辅助设备之一。按照国家标准《GBT 19146—2010红外人体表面温度快速筛检仪》的要求，在规定工作环境中，仪器的试验误差应不大于0.4℃。但部分传感器由于设备老旧、算法未更新，无法准确控制测温精度。因此，红外设备的测温精度至关重要。

北京碧拓科技专注于全球DITI（digital infrared thermal imaging，数字红外热像）AI研发，为医疗企业提供体检早筛、疼痛辅助诊断、经络识别等AI引擎服务，提供预防医疗解决方案。比如，人体疾病早期，往往温变早于病变，功能变化早于病理变化，DITI可以检测出细微的人体温

度变化，提前预测疾病风险。在新冠肺炎疫情发生后，碧拓科技第一时间联络美国热像学会体温监测专家 Dr. Ho-Yeol Zhang，利用碧拓团队在医疗临床测温领域和医学影像计算领域的优势，迅速研发体温监测算法，调配产业链中部分合作商的测温设备，给需要的设备调优测温算法，纠正温漂，大幅减少了部分老旧红外测温设备实际应用时的误差和漏检，提高了测温的精准度。

在算法调优方面，除简单测量裸露在外的皮肤的最高温外，碧拓科技在原有的 AI 技术基础上还得到面部多关键点的温度数据，同时比对耳温数据，通过 AI 算法回归人体体温。算法中温度采集点阵不依赖口罩遮挡的口鼻域，通过多点综合估算体温，减少环境因素的干扰，最大程度上降低对发烧人员的漏检概率。

4.6.3 深入诊疗全流程，深睿医疗运用 AI 抗击疫情

新冠肺炎疫情发生以后，湖北省的多家医院接诊能力不足，新冠肺炎疫情一度使大量居民过度焦虑，加大了医院压力，同时增加了交叉感染的风险。如何快速诊断筛查患者，实现高效防控，降低交叉感染，是控制疫情快速蔓延最为关键的问题。AI 技术在本次疫情的患者全流程服务中大显身手。

深睿医疗是一家医疗人工智能企业，以智能疾病筛查、基础医疗、精准医疗为大方向，致力于开发互联网+人工智能+医疗应用产品。在疫情防控期间，深睿医疗提供诊前、诊中及诊后的全智能解决方案，向医院提供 AI 产品和服务，同时也向广大患者群体开放线上 AI 系统，患者可利用 AI 技术服务就诊。该公司根据国家卫健委和中国疾控中心发布的诊疗及防护指南，结合海量在线咨询案例，上线了针对新冠肺炎的人工智能新冠肺炎自测系统——"小睿医助"。"小睿医助"系统为患者提供诊前筛查和诊后随访服务，AI 医学辅助诊断系统为患者提供诊中、诊后的 CT 诊断和随访服务。目前，"小睿医助"系统在中国医师协会、丁香园和近 10 家医

院公众号等平台上线投入使用。"小睿医助"分为"客户端"和"医生端",提供"AI评估""科普防护""线上问诊""线上随访""发热门诊导航"等功能,覆盖患者的诊前、诊后服务。其中,"AI评估"可在诊前环节通过一系列提问,根据患者的症状和流行病史进行智能问诊,给出医疗保健或符合诊疗指南的临床建议。"科普防护"为大众在自我防护方面提供疾病简介、防护知识、就医流程、心理健康等服务,帮助患者用科学的方式抗击疫情,避免因恐慌就医,减少交叉感染的风险,有效减轻了医护人员的工作负荷。患者诊后随访过程中,"线上随访"功能为医生提供了患者的完整病例信息,以便医生更好地进行诊断,帮助患者做好愈后健康管理。

4.6.4 深入防控一线,推想科技CT+AI破解新冠诊断困局

2020年2月5日,国家卫健委发布《新型冠状病毒感染的肺炎诊疗方案(试行第五版)》,湖北省增加"临床诊断"病例分类,疑似病例具有肺炎影像学特征者为临床诊断病例。因此,CT成为新冠肺炎诊断的重要依据之一。

但是,传统CT影像检测对医生来说工作量大,诊断一位患者,医生通常需要观察超过300幅影像,需要花费医生大约十几分钟的时间。疫情来袭,每一名患者都需要经过多次CT检查,尤其是在患者数量激增的湖北,医生负担重且患者等待时间长。医院等待CT检查的患者多,容易造成交叉感染。同时,CT影像判断非常依赖医生的技术与诊断经验,疫区的医生由于接触病例多,判断较为熟练,但非疫区的医生接触病例少,缺乏做出诊断的信心,直到核酸检测结果出来后才敢做出判断,而核酸检测结果通常需要2天左右的时间。在这段时间内,非常容易造成疫情扩散,给全国的疫情防控带来巨大的风险。另外,由于长时间身着护目镜、防护服,护目镜中的雾气会干扰医生的判断。CT影像+AI识别技术在此次疫情中派上了用场,能够帮助医生快速准确地识别病灶。

推想科技作为一家人工智能公司，致力于应用深度学习技术为医疗影像诊断提供快捷、准确的解决方案。借助其在肺部疾病AI领域长期的技术积累，在疫情暴发初期，就与处于新冠肺炎疫情中心的武汉同济医院、武汉大学中南医院合作，推出了推想科技肺炎AI特别版。新型冠状肺炎患者的肺的形态、位置、区域大小等影像特征都与普通肺有差异，推想科技从合作医院获取了上千例经CT和核酸验证的疫区病例数据，根据CT影像提取病灶的位置、形态、体积、密度等特征对数据进行标注，并构建训练模型，针对新冠肺炎的特殊影像表现进行了算法的迭代和优化。同时，该公司收集了来自抗疫一线医疗机构，如国家感染性疾病临床研究中心——深圳第三人民医院的专家们的需求和建议，与专家一起进行研发，保证算法能够为医生提供实质性帮助。推想肺炎AI特别版具有提示功能，能够快速地帮助医生进行病灶检出，提高效率的同时减少了漏诊。同时肺炎AI特别版给出各类定量数据分析，使得医生观察300幅CT影像的时间从原来的十几分钟降为几秒钟，可排查筛选"高度疑似肺炎患者"，减少患者的等待时间，降低交叉感染的风险。另外，肺炎AI特别版可以智能分析异常病例和重症病例，实现前后片全自动对比和疗效评估等功能，避免医生手动从电脑中调取CT并进行比对的烦琐程序，为医生节省时间和精力，助力基层医疗机构进行新冠肺炎筛查。

影像AI产品的训练数据需要满足最核心的两点要求：一是数据真实准确，二是数据量大。除了疫区中心的武汉同济医院、武汉大学中南医院等多家医院外，此套AI系统已经在北京、山东、深圳等地区的10多家医疗机构部署，包括国家感染性疾病临床研究中心深圳第三人民医院和北京海淀医院等疫情前线的医疗机构，诊断敏感性达到了98%以上，具有较高的精确性和鲁棒性，各地的此套AI系统使用率达到90%。[①]

---

① 爱分析ifenxi的专栏.透视战"疫"一线,8个医疗数字化先锋实践案例|案例盘点[EB/OL].[2020-02-14]. http://app.myzaker.com/news/article.php?pk=5e45e30cb15ec063fc38f55c.

4.7 公共卫生数字化转型典型案例

新冠肺炎疫情暴发以来，党中央、国务院提出了要运用现代化科技手段，如大数据、云计算、人工智能等技术来科学防治、精准施策的思路，对运用这些技术来辅助抗击疫情寄予了厚望。

实际上，早在2014年埃博拉病毒大暴发时，大数据在疫情防控方面的作用就有所体现。一方面，医疗救助机构利用大数据，定位当地疫区位置，预测病毒散布区域，为合理规划医疗救助站位置、分配医疗物资、安排最优救助路线提供第一手资料；另一方面，利用大数据，分析全球航班起降、人口移动、气候温湿度变化等数据，建立模型，发布动态全球病毒地信息，预测下一个可能暴发埃博拉病毒的地区，为早期预警、事前预防抢占先机。

相比2003年的SARS疫情，当前新冠肺炎疫情不仅在疫情防控方面有了更加完备的制度体系和应对措施，而且包括大数据在内的多项创新技术也在飞速发展并得到积极应用。国内不少大数据企业提出了较为先进的数智抗疫理念，发布了一系列数智抗疫解决方案，同时将大数据、数据智能技术运用到地方的抗疫实践中，不仅充分利用了大数据技术的采集、融合、分析、挖掘、展现能力，还整合运用数据中台构建理念，快速搭建疫情需要的数据应用平台，在疫情监测、预测、传播路径分析、滞留人员精准救助、复工情况分析等方面，起到了联防联控、精准施策的积极效果，在构筑防控体系能力过程中发挥了巨大的作用。

下面将围绕大数据在此次疫情中的应用和价值，结合一些具体的实践案例，对公共卫生领域的数字化转型进行浅论。

4.7.1 构建政府公共数据供应链，数梦助力疫情防控与复工复产

数梦工场作为国内大数据龙头企业、数据智能领军企业，在此次疫情中，提出了构建政府公共数据供应链的先进数智抗疫理念，发布了一系列数智抗疫解决方案；同时将大数据、数据智能技术运用于湖北、浙江、湖南、江苏、四川、重庆、广东、上海、山东、甘肃、新疆等地的抗疫实践中，通过大数据技术的支撑，为疫情防控工作提供科学、精准的大数据支撑。

1）理念：构建政府公共数据供应链

疫情发生后，政府公共数据归集成本高、数据治理难度大、数据共享渠道不畅通、数据开放程度低、数据应用不充分等问题纷纷暴露。如何科学合理地使用大数据为疫情防控助力？数梦工场提出了构建政府公共数据供应链的理念：只有将政府各部门的数据和社会数据进行融合共享，构建一条以政府数据为主的公共数据供应链，才能从根本上打赢这场疫情防控战，并且在最大程度上避免类似重大公共卫生健康事件再次发生。

政府公共数据供应链，即需要围绕政府数据，以数据管理部门为主体，围绕疫情防控人、地、事、物等数据资源，通过制定统一数据标准、管理统一数据质量、保障数据安全，从对卫健、公安、工信、交通、气象、电力等部门数据的归集开始，到数据存储、数据治理、数据开发、数据共享、数据应用、数据开放，最后把数据传递到对疫情防控数据资源有需求的部门，将数据生产方、数据归集方、数据治理方、数据运营方、数据平台方、数据开发方、数据应用方等连成一个整体的功能网链，实现疫情防控数据要素资产化、服务化、价值化。

疫情防控政府公共数据供应链体系包含疫情数据全流程生产运营体系、疫情数据质量管理体系、疫情数据应用价值评估体系、疫情数据公开和使用安全防控体系、疫情防控政府和社会数据融合协同体系。政府通过打造重大疫情公共数据供应链，可提高疫情防控的科学性和有效性，有助于应对重大卫生健康事件。

2）方案：数智抗疫系列解决方案

疫情暴发后，数梦工场基于数据供应链理念，陆续发布了一系列数智抗疫解决方案，涵盖"全域数据、精确接入""全栈智能、精密处理""全景展示、精准决策""零次跑政务、非接触服务"等数据供应全链路价值领域，包括疫情防控数据服务平台、疫情防控全景驾驶舱、入境检疫网上智能备案系统、抗疫资源综合调度系统、复工复产一码通系统、政务服务"一件事"系统、企业疫情运行在线支撑系统、疫情信息共享数据安全防护系统等。

（1）全域数据，精确接入

疫情有效防控的前提是掌握足够全面的数据，只有将政府各部门数据、互联网数据、个人和企业填报数据等统一接入、归集，建立疫情大数据资源库，才能为疫情防控指挥提供数据支撑。数梦工场发布的入境检疫网上登记备案系统，可实现对入境人员登记数据的批量导出，导出的数据用于研判分析，进行登记高峰时间段分析、卡口繁忙程度分析，为卡口人员安排提供科学支持；抗疫资源综合调度系统可接入区域范围内的医疗、卫生机构的数据，实现对医疗物资（口罩、药品、人员、检测试剂、耗材等）的统一管理和调配；复工复产一码通系统可接入企业疫情填报数据、复工复产申请数据、运营商定位数据等，助力企业做好政策发布和咨询服务工作，并监管复工企业的防疫风险。

（2）全栈智能，精密处理

只有基于全栈数据对疫情大数据进行智能处理，才能充分发挥数据价值。数梦工场发布的疫情防控数据服务平台采用关联识别算法、伴随分析算法、身份映射算法、血缘分析算法等，基于疫情区与本省的人口流动情况及轨迹特征，及时预判预警、快速精准筛查，辅助疫情防控工作的推进；疫情信息共享数据安全防护系统可利用数据安全基础检测远程服务工具、数据共享接口安全风险监测工具等，进行政府数据场景的基础数据安全检测，以及政府部门之间数据共享接口、政府与公共机构/企业之间的数据开放服务接口安全风险检测，全方位保障数据安全。

（3）全景展示，精准决策

在防控疫情期间，各地政府需要一个"一目了然"的界面，进而全盘掌握疫情发展态势。

数梦工场发布的疫情防控全景驾驶舱方案可提供新型冠状肺炎疫情相关的分析数据，含确诊病例、疫情情况、区域分布、年龄分布、重点疫区旅居史等；还可展示疫情防控指数、伴随人员分析、感染图谱分析、疫情影响分析、复工复产分析等内容，助力各地政府主管部门精准决策、精准指挥。疫情之下，政务服务需要实现"零次跑""非接触"方式，才能既不耽误百姓和企业办事，也不影响疫情防控工作的展开。数梦工场的政务服务"一件事"系统，能够以全线上的方式让老百姓通过网上办、从简办、零次跑，实现数据多跑腿、百姓不出门的办理模式；企业疫情运行在线支撑系统支持企业开工申报、企业生产急需资源信息综合发布、企业自助申领政府配套支撑服务，满足了企业线上办公、线下物流协同等需求，支撑了企业业务运行、保险赔付、信贷等方面的正常运转。

3）实践：大数据技术助力疫情防控与复工复产

自2020年1月21日开始，数梦工场就投入到这场疫情防控阻击战中，用大数据技术助力联防联控、精准施策；在疫情趋缓后，又进一步助力各地政府做好疫情防控与复工复产统筹工作。在湖南省长沙市，数梦工场对疫情防控工作积极响应，从除夕当天开始，每天安排专人到客户办公现场，利用长沙警务云数据中心相关疫情数据分析比对，排查出武汉回长沙人员的潜在感染人群，并通过轨迹分析和抗疫模型算法，精准排查以辅助疫情防控部署，为长沙疫情防控做出了重大贡献。

在离长沙不远的湘潭市，数梦工场工程师团队通过大数据分析研判建模的方式，支撑疫情重点地区防控工作，支持客户研判每日新增重点防护人群，并通过相关部门进行摸排核实登记，掌握每日疫情变动、走势及各个区县的疫情分布等情况，辅助各区县加大摸排力度，减少疫情扩散，保护更多市民的安全。

在浙江省衢州市，基于城市数据大脑，数梦工场全面协助政府高效指挥：排查因工作或旅游从疫情高发区返回本地的人员和车辆，协助公安、交警、网格员回访、跟进并及时反馈问题；通过大数据分析驾驶舱，全局展现本地人员、网格分布情况，协助政府及时掌握本地疫情情况；将城市数据大脑应用于市内外来重点车辆跟踪，根据数据排查重点关注车辆，对疫区车辆及需隔离车辆进行筛查监控，研发线上智能疫情防控自助登记系统、衢州交通卡口自助登记系统，以缓解高速公路回城人流车流防控量大、排队时间久的问题，避免接触风险。截至2020年1月30日，衢州市进行基层疫情相关排查近2万件，确保不漏一户，不漏一人。通过自助系统，2月7日发现新增重点疫区牌照车辆63辆，其中高度疑似入衢1辆、疑似劝返5辆，为疫情防控提供了精准的"靶向"。

在浙江省丽水市，数梦工场携手合作伙伴开发丽水市新冠肺炎疫情防控卡点自助登记系统，该系统于2020年1月31日上线，为全省首个开发并运行上线的"大数据＋网格"排查系统，实现卡口人员信息数据高效、精准收集与及时核验，实时分析流入人车趋势。同时结合医院、公安等部门的数据，通过数据智能分析和模型算法，打造丽水市疫情作战指挥图，为疫情防控指挥提供一体化数据参考，有效降低了一线人员的工作负荷，增强了疫情防控能力。

在上海市嘉定区，数梦工场助力上海市嘉定区城市运行综合管理中心，以新冠肺炎疫情图层的形式，以一张图指挥系统升级，统一指挥，统一调度，用周密有效的服务和举措消除隐患、堵住漏洞。这样，一方面各网格内的疫情情况实现了实时画面呈现，管理者可及时了解网格内是否做好了对应的防护措施；另一方面通过数梦工场开发的城市运行大屏、新冠肺炎疫情图层重点区域大屏，管理者可对重点企业和重点区域的周边情况进行实时管控，做好防疫复工安全措施的落实监督工作，并针对各类情况制订应对措施预案。

在山东省青岛市，数梦工场携手合作伙伴打造了"民用口罩预约系统"。2020年2月11日，系统正式运行第3天，早上8点30分口罩预约系统如约开放，瞬间就有超过120万名市民同时在线访问；26秒钟内，某家网点的5 000只口罩全部预约完毕；4分钟内，当日25万只口罩全部预约完毕。

在重庆两江新区，数梦工场携手合作伙伴打造的"两江新区企业复工复产一码通"于2020年2月底正式上线，有效保障了科学有序复工。系统包括政策咨询、申报服务、行程查询、疫情填报等多个模块，企业复工仅需要按照要求填报企业信息，实行在线申请和在线审批。该系统还为企业复工复产过程中遇到的各种问题提供反馈通道，经汇总由相关职能部门统一解决，提高了解决问题的效率。后续，基于复工复产的线上收集和数据流转，系统将进一步依托智能化的技术手段，对企业复工复产的相关情况进行数据分析，为两江新区全面有序地推进复工复产提供科学的数据支撑。

在河北省衡水市，数梦工场助力衡水市"健康码"全面上线，加强疫情期间对市民和返岗人员的科学管理，为政务服务、公众出行、就业复工领域的疫情防护提供精准有效的支持。同样是在衡水市，数梦工场基于在枣强县试点成功的政企复工服务平台，快速升级搭建"衡水市政企复工服务平台"。平台提供企业员工健康信息收集上报和企业复工前的复工备案登记等功能，为衡水政企复工提供了有力支撑。衡水市连续3天规模以上企业上报率居于河北省第一位。

在甘肃省庆阳市，数梦工场打造的一体化政务服务平台在疫情期间高效地支撑了政务服务"不见面"审批，方便了企业和群众网上办事，大大降低了人员聚集风险。2020年2月3日至17日，一体化政务服务平台共受理政务服务事项3 844件，有效满足了疫情防控特殊时期群众的办事需求。同时，庆阳市政务服务中心协同行业职能部门简化优化审批备案流程，借助一体化政务服务平台开通"绿色通道"，新增企业复工复产和项目复工开工报备应用，积极推行"网上备案"，助力企业快速有序复工复产。

疫情暴发以来，在湖北省、湖南省、浙江省、江苏省、广东省、上海市、重庆市、四川省、山东省、甘肃省、河北省、新疆维吾尔自治区等地，都留下了数梦工场数百位数据工程师的身影。此外，数梦工场还组成了200余人的技术专家队伍，为客户提供7×24小时无间断的专业保障服务，内容覆盖技术咨询、故障处理、深度巡检、现场保障等全生命周期客户服务需求，保障全国各地省、市、区级数百个大型云数平台的平衡运行，发挥数据技术的最大价值。

一场疫情使得数据要素和数据技术的重要性空前凸显。全国各地积极运用大数据、人工智能等技术，为疫情监测、资源调配、防控救治提供重要支撑，使疫情得到了有效控制。但在疫情形势日渐好转的情况下，如何运用大数据技术提升政府治理能力，却成为亟待管理者与行业深思的命题。未来，数梦工场将继续创新大数据发展理念与技术，推动大数据与实体经济深度融合，助力国家治理体系和治理能力现代化。

4.7.2 开发多样化产品和解决方案，信安CA为疫情防控和复工达产硬核赋能

为助力疫情防控工作，减少人员聚集，推动各项业务全程零接触在线办理，河南省信息化发展有限公司（简称"信安CA"）推出了"非接触式"医疗签署系统、"一网通办"企业开办服务平台、豫安之家社区登记排查系统、智慧药房、互联网+监管服务平台、政务移动签、信安电子合同管理系统等软件产品和解决方案。

1）"非接触式"医疗签署系统

"非接触式"医疗签署系统通过云签名平台+移动端电子签名，实现零接触式文件签署。医务人员通过移动客户端程序（App或H5）浏览和签署医疗过程中产生的处方单、化验单、影像结果单、知情同意书、病例等医疗资料。患者或患者家属通过移动客户端程序浏览知情同意书、病例等医疗资料，医患双方通过"非接触式"医疗签署系统保证其签字人的身份可信性和签名合法性。

"非接触式"医疗签署系统可以有效阻断病毒的接触式传播途径，实

现零接触式文件签署与数据传输；降低防疫减灾过程中医护人员和就诊者交叉感染的概率；防止信息泄露，保护患者隐私；提升业务效率，节省工作时间。

2）"一网通办"企业开办服务平台

企业或者自然人作为申请人通过 PC 端浏览器或手机端 App 登录"一网通办"平台，即可办理登记注册、公安刻章、银行开户、实名办税、人社服务等业务，系统会自动同步办事信息到各业务单位。"一网通办"平台支持业务"一次办"和"随时办"两种模式，"一次办"指企业用户可一次提交全流程所有环节进行办理；"随时办"指企业用户可根据自身需要选择单一业务进行办理。

"一网通办"平台从多部门全局出发，优化企业营商环境，压缩企业开办时间，提升政务服务能力。"一网通办"平台的搭建有利于信息跨部门、跨地区、跨层级共享交换，实现政企互联、一网通办，打造政府办事机构和企业协同工作的高效模式。

3）豫安之家社区登记排查系统

豫安之家社区登记排查系统通过扫码出入轨迹分析、防疫报备、社区出入统计、统计报表等功能实现对社区出入人员的全面管理。

豫安之家社区登记排查系统可以对社区疫情进行实时监控，使社区疫情工作者实时了解辖区内各社区疫情动态、趋势动态、人口动态；还可以进行社区内疑似管控，对社区内疑似病例、疑似接触人员、确诊人员的轨迹进行实时跟踪，筛选出重点人员、密切接触人员和易感染人员，对这些人员实施跟踪布控。同时提供社区电子通行证，为社区出入人员、返程人员、社区物业管理人员提供个人信息登记管理服务，节约登记时间，提供出入电子凭证。

4）智慧药房

"智慧药房"共包含药店入驻、购药登记、防疫报备、健康打卡、疫情警告、统计报表和管理驾驶舱七个功能模块。

用户通过"智慧药房"填写购买信息，实现"无接触"登记。此外，还能动态监测辖区退烧、止咳类药物销售情况。通过药店采集上报数据，对辖区内购药人员、发热人员、疑似病例等数据做到数据先知、布控随行，如发现疑似病例可迅速做出回应，防止扩散。通过上传医用物品与药品的价格，监控流通环节，加强对药品市场哄抬物价、囤积居奇、趁火打劫等现象的监管。

5）互联网+监管服务平台

信安CA研发的"互联网+监管服务平台"基于区块链多方写入、共同维护、公开管理、防篡改等特性，为大数据管理部门搭建统一的"区块链+监管"标准服务体系。通过区块链的去中心化、分布式存储、共识机制、密码学等核心功能的应用，实现政务服务监管的链上信息共享共识、数据分布存储、数据资产管理、协同监管、加密存储、数据存证等服务支撑。

"互联网+监管服务平台"可在农产品溯源、微信智慧医院处方安全流转平台、供应链管理等场景中应用。同时，依托一体化在线政务服务平台，"互联网+监管服务平台"可以加快实现市市场监督管理局、市民政局、市商务局、市城管局、市公安局、市新闻出版局、市教育局等30多个业务部门监管数据的归集共享。集约化、规范化打造"互联网+监管"系统，形成全市联网、全面对接、依法监管、多方联动的监管"一条链"。

6）政务移动签

政务移动签包含数字证书下发与管理、扫码签名、扫码签章、多方签名认证、签署验证服务、司法鉴定等功能。

政务移动签替代原有数字证书介质，覆盖电子政务电子认证服务市场，为政务用户提供移动端远程不接触数字签名、电子签名、电子签章等服务，助力政务服务电子文件签署、电子合同签署、行政审批、电子证照等移动签署应用需求，将政务服务过程搬到线上进行，减少人员之间的直接和间接接触，阻断病毒的传播。

7）信安电子合同管理系统

"信安电子合同管理系统"运用电子认证、电子签章、区块链和云计算等技术，为用户提供远程合同签订、合同管理、合同存证、合同查验、打印防伪、电子印章管理、角色权限管理、数据报表详细描述等服务，并提供司法举证依据。系统支持多屏互动，用户只需在电脑网页/H5或移动 App 平台上提交签署文件，即可完成电子合同、服务证明、文件签发等的自动流转和审批。

"信安电子合同管理系统"可在人资全流程劳动合同签署、在线教育电子合同签署、远程办公文档签署、多行业商务合同签署等多个场景中应用。系统可随时随地在任意终端进行电子签署，降低人员聚集风险和企业成本，提升业务效率和跨区域协同办公能力。

8）疫情防控项目部署情况

上述软件产品和解决方案都已开发完毕，正在进行数据对接和本地化部署。信安 CA 所有技术人员、研发人员、专属项目经理等通过远程在线办公、远程研发、远程测试等工作方法，充分利用信息化技术、互联网平台、区块链和大数据等方式为疫情防控提供服务支撑和技术保障。

疫情之下，在线办公、电子合同、不见面审批等互联网典型业务场景的需求将持续升温，用户对数字化的需求将更为务实。信安 CA 始终坚持"信息化服务中原崛起"的宗旨，充分发挥自身优势，立足用户需求，通过云计算、大数据等技术，打破时空壁垒，塑造全新工作模式，全力协助各行各业安全高效复产复工。

4.7.3 打造"易登记"智能人员管控系统，浪潮探索突发公共卫生事件的信息化应对措施

突发公共卫生事件（简称突发事件），是指突然发生，造成或者可能造成社会公众健康严重损害的重大传染病疫情、群体性不明原因疾病、重大食物和职业中毒以及其他严重影响公众健康的事件。新冠肺炎疫情是突发公共卫生事件，先在武汉市被发现并在全国蔓延，各地相继启动重大突

发公共卫生事件Ⅰ级响应防控。

　　"易登记"智能人员管控系统（简称"易登记"）基于"浪潮云+协同工作平台"的快速研发，可通过扫描相应证件（身份证、护照、健康码）实现人员出入登记，适合对出入服务大厅、医院、写字楼、园区、社区等公共场所的快速打卡登记进行管控。该系统采用SaaS服务抗击疫情模式，最快2小时便可完成部署，无须培训；通过扫描相应证件（身份证、护照、健康码）形式即可完成登记，全程仅耗时2秒钟且实现零接触，避免交叉感染；收集的数据还可进行多维统计、深层次分析、快速研判，为科学决策提供数据支撑。该系统已在全国40余个城市投入使用，累计完成5 000万人次的登记服务，并快速支撑起"防境外输入"的防控新要求。"易登记"不仅为疫情管控提供工具支持，其数据应用实践也为社会治理体系和能力现代化提供样本（如图4-11、图4-12所示）。

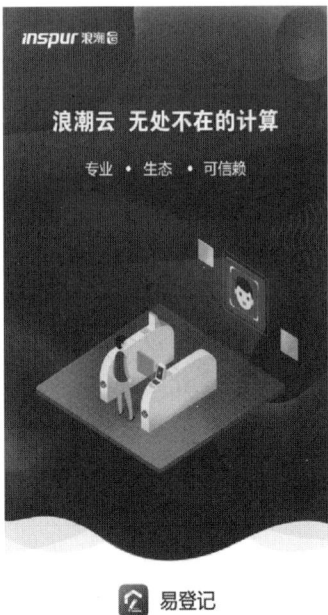

图4-11　登录页面

图4-12　智能识别身份证及健康码

1）突发公共卫生事件中的信息化应对诉求

随着科技的发展，以云计算、大数据、5G为代表的新一代信息技术为应对突发公共卫生事件提供了全新信息化解决渠道。互联网深入全社会的方方面面，政府、企业、公共机构等社会各界架构起体系完备的信息化系统。它重构了人与人、人与社会间的沟通关系，也让本次新冠肺炎疫情成为历史上首次"可以控制的大流行病"。突发公共卫生事件往往伴有疾病快速传播与社会恐慌情绪蔓延。因此，信息化方案要兼顾技术性与社会性，突出快速、易用、安全、整体、智慧的应对策略。

● 快速：快速的方案应对、快速的实施部署、快速的操作使用，以及应对突发状况的快速响应能力。

● 易用：应对突发公共卫生事件时往往没有预案可寻，易用才能保障应对机制的有效运转，既包括开发环境易用，又包括产品易用。

● 安全：大量个人信息被采集用于应对突发公共卫生事件，但过程中要保护数据安全。此外，方案/产品推广有时也应以安全为出发点。

● 整体：通过数据流通将分散的应对责任主体整合为一体，把数据统一输出至强有力的管控部门，有效形成区域合力应对突发事件。

● 智慧：发挥信息化优势，实现多维统计、深层次分析、快速研判，为科学决策提供数据支撑。

2）人员管控数据采集及应用路径建设

人员管控多采取登记方式，其意义在于以地理空间为点，记录具有唯一标识性的出入人员信息，并通过算法模型比对确诊人群，来实现事前预防、事中监管、事后追溯。"易登记"基于此实际需求，结合上文提到的信息化应对诉求，建立人员管控数据采集及应用路径原则。

（1）传统人工纸质登记

传统人工纸质登记是在疫情传播早期普遍采取的管控措施，快速为疫情防控架起了第一道保护门，满足了快速、易用的要求。但人工纸质登记方式缺乏明确制度、机制约束，存在明显弊端。一方面登记人不如实填写个人信息，另一方面检查人无从考证信息真伪。信息采集不准确、无标准，信息纸质存储难以转化使用，无法形成完整疫情防控信息链条供决策分析使用，且存在交叉感染的风险。因此人工纸质登记方式逐渐被更加便捷的信息化登记方式替代。

（2）主动扫码登记

扫码登记程序开发简便，可以快速投入使用，无须对工作人员进行培训，弥补了人工纸质登记的弊端，收集的数据可转换使用供决策分析。

但扫码登记存在三个缺陷：其一，登记人与检查人角色割裂。扫码登记形式主要责任方是登记人，是否如实填写个人信息具有主观性，且检查人无法核实。虽可以设置填写规则进行限制，但仍难以确保信息完整与准确。其二，扫码登记仍需手工录入，平均登记耗时约30秒钟，在高峰时段容易造成人员拥堵，潜在感染风险增加。其三，各责任主体采用不同的扫码登记形式，形成数据壁垒，数据标准与出口不统一导致无法形成防控合力。

3）"易登记"智能人员管控系统

人工纸质登记与扫码登记形式满足了社会需求，但从数据采集及应用通路建设角度看未形成闭环，无法发挥数据的最大价值。"易登记"弥补了二者的缺陷，兼顾技术性与社会性，满足了突发公共卫生事件下对信息化"快速、易用、安全、整体、智慧"的五点诉求。

• 快速 "易登记"基于"浪潮云+协同工作平台"研发而成，可实现快速部署，在人口约300万的城市仅需半天便可完成，且仅需2秒便可完成登记。此外，还能根据防控要求快速实现健康码、护照扫描登记。

• 易用 "易登记"以App形式部署在检查人手机上，通过扫描登记人相应证件即可完成登记。整个登记过程将检查人与登记人的责任分开，一方出示、一方扫描，从机制上避免了因某一方的缺失产生的诸如信息不准确问题。

• 安全 "易登记"的安全体现在两方面：一是过程安全，二是数据安全。"易登记"一方出示、一方扫描的分工操作可实现登记全程零接触，避免了交叉感染。此外，"易登记"建立了整套体系，以保证数据采集、数据传输、数据加密、数据使用过程中的数据安全，这些将在后续章节中进行阐述。

● 整体依靠快速部署、无须培训、简单应用的特性，"易登记"形成了全场景使用优势。基于此，可对单点的登记站点进行串联，形成区域整体防控网。以济南市为例，3月2日"易登记"（济南健康易通行）在全市范围推广，并迅速在10万余登记站点投入使用，全市累积登记近3 000万人次。

● 智慧通过登记收集得到的数据记录了时间信息、个人信息、地点信息，"易登记"利用这些信息进行多维统计、深层次分析、快速研判，为科学决策提供数据支撑。其详见第5章阐述。

4）隐私数据保密与安全

群众数据保护观念日趋成熟，保护群众数据安全已成为社会共识。突发公共事件中的个人数据保密与安全对防控工作至关重要，不仅要考虑公众情绪，还应从数据采集、范围权限划分、制度约束角度对隐私数据严防死守。"易登记"通过实践进行了探索。

（1）信息采集

作为SaaS提供的服务，"易登记"以App形式部署在登记员手机终端上。检查人打开App，扫描登记人的相应证件，系统便可自动填入身份信息。这一过程只读取、不存储，只调用手机相机，并不启用相机的拍照功能，读取到的个人信息以加密方式上传至云端，不在检查人员手机本地留存。通过身份信息采集到的个人信息具有唯一性，且标准高度统一，为后续深化使用提供了优质原始素材。

（2）范围与权限划分

按目的选择使用范围，按职责划分读取权限是保护数据安全的关键。登记的目的是根据体温筛选正常人群与异常人群，并监测异常人群以防止疫情扩散。所以，只需把握少数"异常抗击疫情人群"，就可抓住疫情防控的关键，而其余绝大多数的正常人群并不需要密切监控。

在这一逻辑下，"易登记"对所有信息进行非对称加密与脱敏处理，并进行权限划分——任何人均无权查看绝大多数正常人群的私密信息；少数取得权限的政府工作人员凭短信验证后，才可限次查看异常人群的明文信息（如手机号）。这样便可根据实际需求与权限划分杜绝个人信息被私自盗用情况的发生。

（3）制度约束

国家层面已经出台《中华人民共和国网络安全法》等法律、法规，为数据安全提供法律依据。此外，"易登记"还同工作人员及技术人员签订了保密协议，任何数据泄露行为都将受到严格的追责处罚。"易登记"内部还引入区块链技术，对工作流程进行监管，任何泄密行为都会快速被感知并追究责任到人。

5）数据深度加工对社会治理能力及体系现代化的推动

新冠肺炎疫情是对国家治理体系和治理能力的一次大考。对比2003年"非典"，目前国家已经通过新一代信息技术掌握了全新的应对方式。通过实践我们得知，数据加工的深度与解决问题能力的提升呈正相关关系，信息系统建设也步入"数据业务化"阶段，即将数据深度加工以适用于专业应用场景并衍生出智能服务。

（1）建立符合业务场景的数据规则

就新冠肺炎疫情防控业务场景而言，人群、地点、时间、体温是基础信息。根据防控业务实际需求，人群可分为：确诊人群、疑似人群、密切接触人群、正常人群。地点可分为：高感染区域、潜在感染区域、无风险区域。时间可分为：密切接触时间、安全时间。体温可分为：异常体温、正常体温。通过以上数据规则的建立，便可以并联成一个完整的业务链条，从人群、地点、时间、体温多维度绘制疫情防控的全景图。

（2）让数据快速响应业务需求

为数据建立符合业务场景的规则后，便可快速响应疫情期防控的多变需求。"易登记"设有登记信息查询、接触人群查询、人员轨迹查询、统计分析、流量分析、热力分析、轨迹分析、关系图谱分析、检查点分析、打卡员统计10个统计维度，涵盖了疫情防控的"人物、地点、时间"3个要素，实现了事前预防、事中监控、事后追溯。

举例来说，A在20日被怀疑为疑似病例，15—19日正常出行且通过"易登记"系统在出入场所进行登记。为防控疫情，急需找出潜在感染人群并进行隔离。通过"易登记"系统，有权限的工作人员输入A的身份信息，便可以绘制出A在15—19日的行动轨迹，然后通过设置时间范围筛选出A在某一地点期间的密切接触人群，并通知责任主体进行人员管控。

再从"地点"角度出发举例。"易登记"系统通过流量分析与热力分析，发现B地短时间内登记人数较多，超出了疫情期间承载能力，有较高的交叉感染风险。相关部门便可进行主动干预，进行人员疏散并制定流量管控措施。有一段时期，我国防控重点转为防境外输入，入境人员管控成为疫情防控新挑战。除本国公民外，外籍人士在入境人员中占有相当大的比例。"易登记"在推广之初就基于完整的身份识别体系与追踪体系支持"护照"登记，把入境人员纳入整体管控网络中，持续发挥作用。

（3）从"方舱医院"看疫情后的数据再利用

疫情期间，公共场所被征用建设方舱医院用于收治患者；疫情过后，方舱医院又恢复其原有属性。方舱医院的资源集约、多场景切换属性也应成为疫情后信息化建设的思考方向。

各部门、各单位都投入巨大资源进行信息化研发与建设以应对疫情，并催化了本已呈现发展势头的网上办公、网上教学、网上营销等业态。此外，疫情期间收集的数据资源是推动城市治理能力提升的宝贵资源。这都是危险中孕育的机会。

流动人口管控是城市管理者关注的热点，但常住人口与流动人口的比对一直是难题。而"易登记"利用所收集到的登记人群信息能为城市提供流动人员信息库，比对本市户籍信息库后便可筛选出城市常住流动人群，为后续城市管理提供依据。这为社会各界提供了借鉴。

4.7.4　搭建邻里中心大数据平台，全拓科技助力社区疫情防控

自新冠肺炎疫情暴发以来，全国各地都采取了积极的防控措施。杭州全拓科技有限公司作为一家大数据公司，充分利用公司多年的大数据经验，积极参与防疫工作，助力政府防疫。

疫情防控作为疫情联防联控的第一线，承担了外防输入、内防扩散的最重要任务。为防止疫情在基层社区蔓延，多地社区都实施封闭式管理。社区为建立严格有效的防疫战线，施行地毯式追踪、网格化管理，将防控措施落实到户、落实到人，切实做到"防输入、防蔓延、防输出"，有效遏制疫情的扩散。此次疫情既是对我国治理体系和能力的考验，也是对我国大数据、人工智能、云计算等新兴技术的应用和社会成效的检验。如何看待此次疫情防控中的大数据应用，客观看待贡献，发现存在的不足？解答这些问题，不仅有助于澄清认识、凝聚共识、共克时艰，还有助于改善工作、谋划未来。

浙江省杭州市拱墅区瓜山社区地处杭州市上塘街道北部，现有南苑、北苑、新苑、东苑、西苑、佳苑6个居民小区。常住居民近2 000户，6 000余人，外来人口近3万人，如何监管好辖区人口特别是陆续返回的3万多外来人口是社区防疫的重中之重。为此，全拓数据充分利用公司多年的大数据经验，通过全拓邻里中心大数据平台积极参与社区的疫情防控工作，用大数据说话，让社区疫情防控"耳聪目明"。

1）平台建设

（1）平台架构

邻里中心大数据平台是完全遵循云计算、大数据、物联网等规范标准进行设计的，具备完整的基础设施服务、数据服务、支撑服务、应用服务等功能。

①总体架构（如图4-13所示）

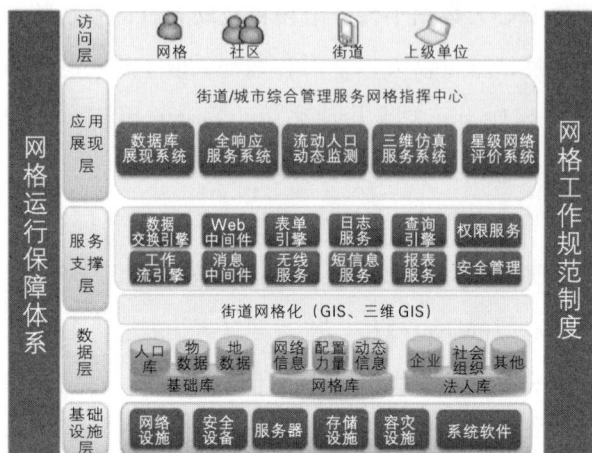

图4-13　总体架构图

②技术架构（如图4-14所示）

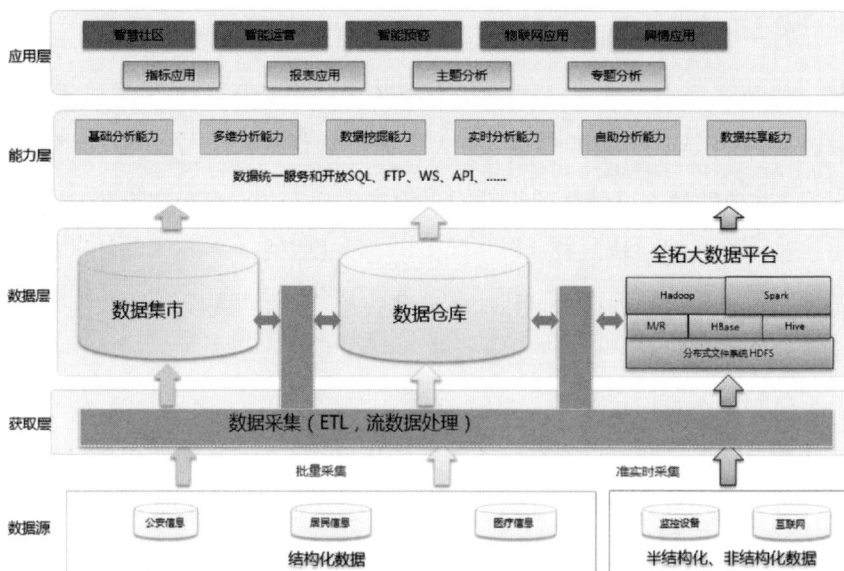

图4-14　技术架构图

（2）关键技术

邻里中心大数据平台能实现海量数据采集、存储、处理、计算、应用，能够同时满足 PB 的结构化和非结构化数据的快速处理需求。

①大数据融合技术支持多种数据源类型

邻里中心大数据平台包括主流关系型数据库和非关系型数据库，支持多种不同格式的数据库之间的数据转换，并能够自动解决常见异构数据库数据迁移中遇到的格式不兼容、数据类型异常等问题。

②大数据存储管理技术

邻里中心大数据平台承接数据融合后的大数据统一存储及应用等管理维度功能，解决了非结构化数据和结构化数据的统一管理难题，更从元数据的角度灵活地解决了非结构化数据只存不管的问题。

③大数据计算分析技术

邻里中心大数据平台实现了实时计算和批处理计算框架、计算模型建立及机器学习算法等，是一套可靠、安全、易用的一站式大数据分析平台。它可以轻松实现大数据计算分析目标，快速搭建属于自己的大数据分析平台，大大缩短开发时间，节省更多的时间用来对数据进行分析，适合需要动态灵活地获取大数据计算能力进行批量、实时计算的场景。

④人脸识别技术

邻里中心大数据平台根据输入的视频信息，采集目标对象的脸部特征，可实现快速比对、回放、搜索等一系列智能化操作。

⑤地理信息技术

邻里中心大数据平台基于 GIS 技术应用，能实现跨地域、跨部门、跨领域的协同标绘。GIS 技术应用辅助决策模块可实现空间数据、基础数据的可视化，直观地反映疫情突发事件周边的地形地貌、监控对象、人员流动等情况，便于社区领导在事件中掌握事态发展趋势，优化资源配置，更好地采取防控措施。

（3）支撑系统

邻里中心大数据平台以大数据管理系统为核心，多业务子系统并存，采用面向服务的架构体系，从而最大限度地满足疫情业务需要。

①大数据管理系统

邻里中心大数据平台运用行业领先的异构数据存储系统，具备可靠、安全、低成本、可弹性扩展的优势，可为各种数据源提供全量/增量数据的定时进出通道，并全面兼容海量协议以及语法标准，使用标准 Sql（结构化查询语言）高效轻松地集成数据。

②智能化标签系统

邻里中心大数据平台全面整合社区居民数据，基于海量用户特征的挖掘技术，通过可视化、智能化方式，对企业用户数据进行全维度打标签，是形成并管理一方 360°用户画像的数据平台。它在保证一方数据安全的前提下，支持数据服务并满足各种应用产品对数据的需求（如图 4-15、图 4-16所示）。

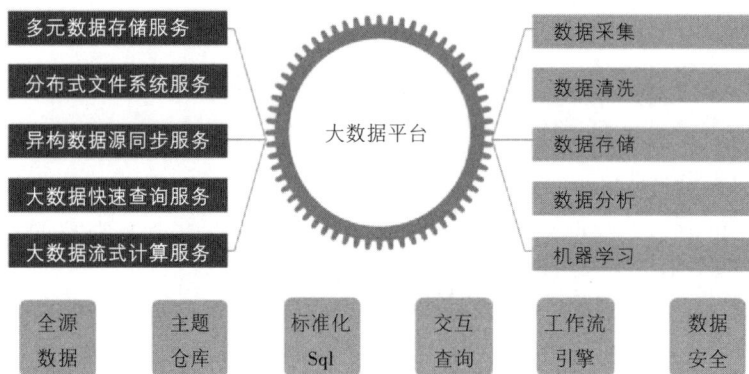

图 4-15　大数据平台

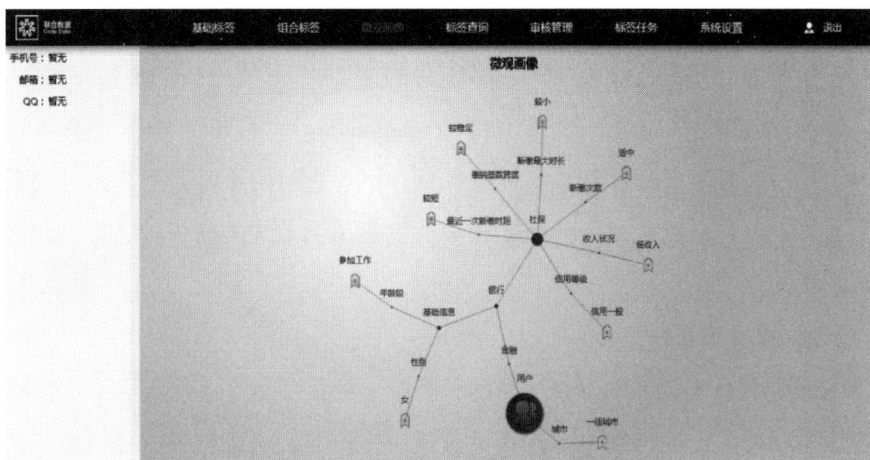

图 4-16 标签系统

③舆情监控系统

通过抓取邻里中心平台数据、社区居民基础信息数据、互联网数据，获得邻里中心以及周围居民群众关注的各种舆情信息，帮助政府实时了解民意，辅助政府工作，维护社会稳定（如图4-17所示）。

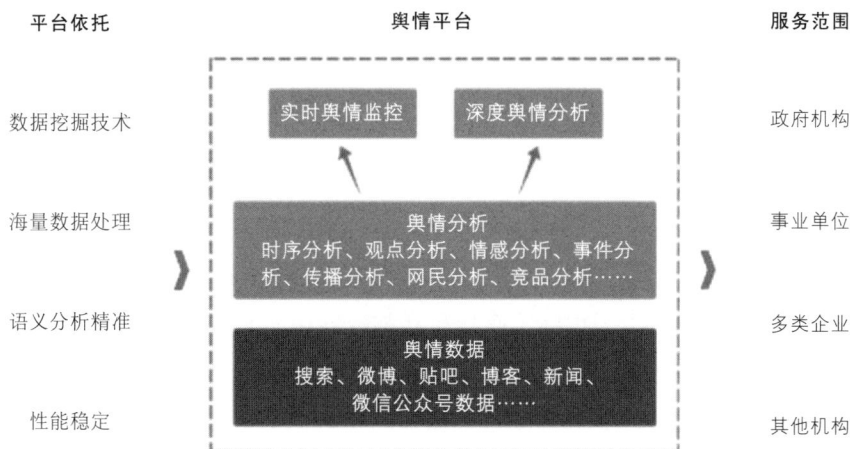

平台依托	舆情平台	服务范围
数据挖掘技术	实时舆情监控　　深度舆情分析	政府机构
海量数据处理	舆情分析 时序分析、观点分析、情感分析、事件分析、传播分析、网民分析、竞品分析……	事业单位
语义分析精准	舆情数据 搜索、微博、贴吧、博客、新闻、微信公众号数据……	多类企业
性能稳定		其他机构

图 4-17 舆情架构

④知识图谱

知识图谱是提炼知识结构关系的系统，核心三要素包括实体（entity）、属性（attribute）和关系（relationship），目标在于描述真实世界中存在的各种实体和概念，以及实体、概念之间的关联关系，通过关系的计算推理可以精准给出问题的答案，主要用于人群关联分析、智能问答等领域。

2）重点成果

邻里中心大数据平台连接居民、医院、疾控中心、各监控卡点、网格管理员和疫情作战指挥中心，提供方便快捷的疫情信息上报、疫情态势分析和防控政策信息推送等服务，助力疫情防控各方基于大数据平台开展疫情防控工作，互通疫情防控数据，提高从政府各部门到医疗机构再到居民之间顺畅的疫情信息传递效率，有助于疫情早发现、早决策、早处置，提升全社会整体对疫情的防控能力，最终战胜疫情。

（1）疫情防控指挥中心

以微信消息推送的方式发布疫情防控指挥中心的各项公告和通知，同时由官方授权部门及时向公众发布疫情防控动态信息、咨询电话等，公众可以通过该栏目实时查看全国及本地疫情情况。

（2）高危人群分析

针对新型冠状病毒"人群普遍易感，有基础疾病的老年人病情较重"的客观情况，利用现有基层医疗卫生数据，建立了疫情可视化模型和高风险人群数据分析模型。提醒患有糖尿病、高血压、心血管疾病、终末期肾病、肺源性心脏病、自身免疫病、慢性阻塞性肺疾病、恶性肿瘤等疾病的高风险人群，每2~4周去附近医疗机构就诊取药。尤其是提醒慢性阻塞性肺疾病患者、肺源性心脏病患者，这类慢性基础病就是肺部疾病，因此呼吸道的抵抗力更差，在呼吸道传染病方面风险更大，建议基层单位加强防控措施的宣传和实施，防止疫情进一步扩大。除了强调一般的防护措施外，还应规范使用日常的呼吸疾病用药，有病情变化要及时就诊，以免延误病情。

（3）疫情区人群精准锁定

通过人脸识别技术精准获取返程居民的人脸信息，与公安系统对接获取居民的基本信息，对重点疫情区的居民进行预警提示，更有利于社区的管理工作。利用平台可精准管理来自病源地的人员，确保跟踪到位，助力政府各部门全面精准滚动排摸，切实找准并切断传染源，遏制疫情的扩散蔓延势头。相应人群可以尽早隔离，真正实现"早发现、早报告、早隔离、早诊断、早治疗"的工作目标，牢牢掌握打赢疫情阻击战的主动权（如图4-18所示）。

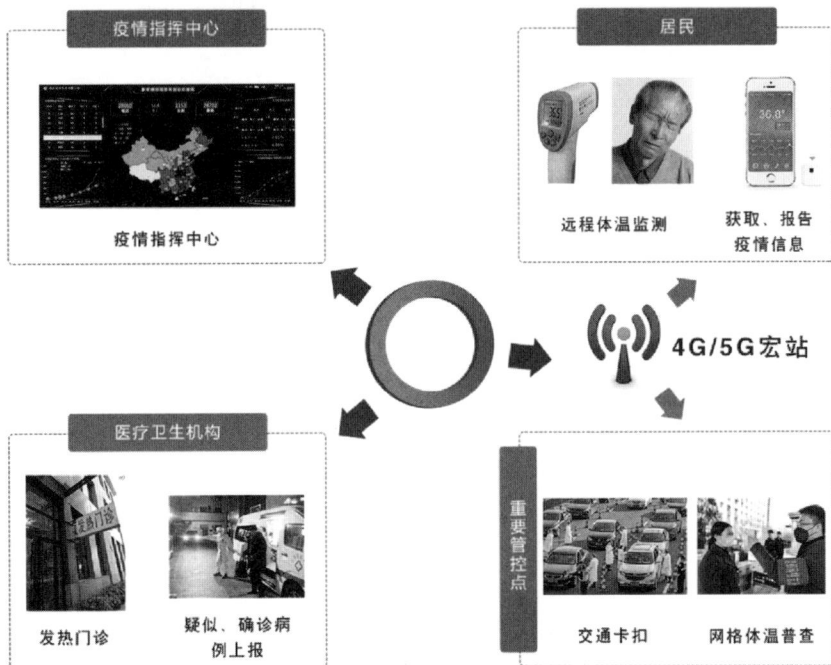

疫情指挥中心

疫情指挥中心

居民

远程体温监测　　获取、报告疫情信息

4G/5G宏站

医疗卫生机构

发热门诊　　疑似、确诊病例上报

重要管控点

交通卡扣　　网格体温普查

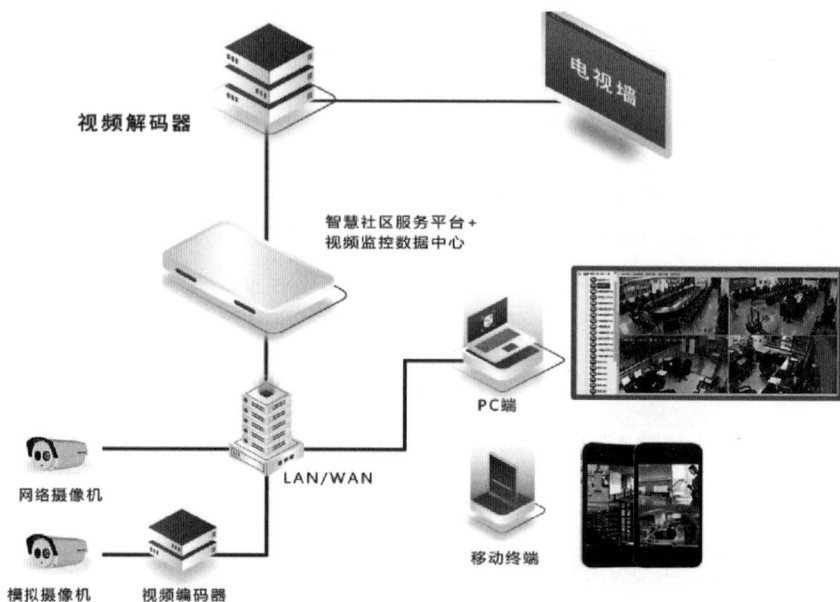

图 4-18　视频监控

（4）确诊人群关系网

基于居民基本信息、行车记录、公交出行、超市购物、社区医院等数据维度，采用深度学习、图计算等挖掘出人物关系网，从而找出与确诊人员相关的疑似病例，更加精准地发现潜在的危险，尽早隔离相关人群。

（5）社区居民舆情指数

获取居民在微博、微信、小区论坛等媒体的互联网评论数据，采用自然语言处理技术提取关键词、话题、情感等，分析居民的情感指数、他们对疫情的关注度，及早发现谣言进行辟谣，并以正确的舆论导向教育引导群众不聚会，不信谣、不传谣，提高自我防范意识（如图4-19所示）。

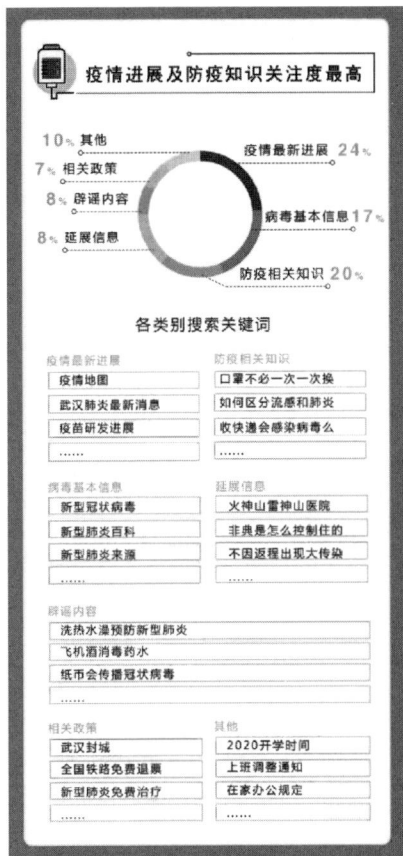

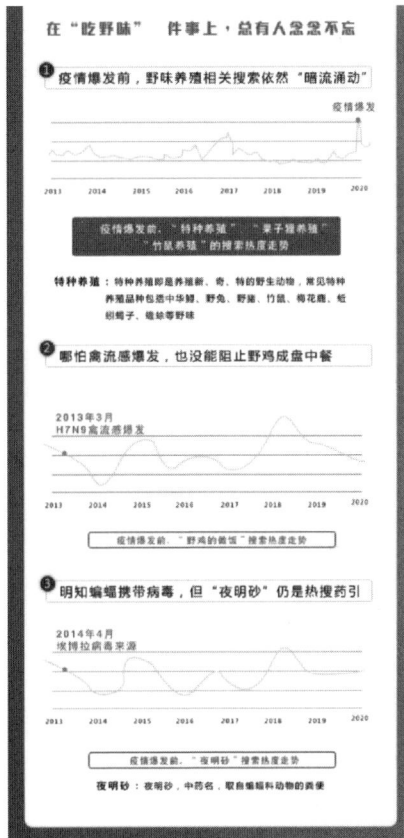

图 4-19　疫情舆情分析

第5章 全要素数字化典型案例

任何生产要素都不是独自存在的，也不是独立发挥作用的，需要与其他要素协同联动共同支撑价值创造。如果说，数字产业化和产业数字化是数据要素发挥国民经济"加速器"作用的第一和第二层级，那么全要素数字化就是数据要素发挥作用的第三层级，也是支撑未来经济社会运行最重要的制度安排。一方面，数据的积累可以支撑技术创新，推动产品和产业升级；另一方面，技术进步可以降低数据要素成本，而技术的背后是人才。同时，介入资金的引导有利于更好地推动数据要素在多领域内流动，进而形成并扩大乘数效应，在多层次多维度创造更大价值。

党的十九大报告提出加快建设实体经济、科技创新、现代金融、人力资源协同发展的产业体系，其本质是要实现产业链、创新链、资金链和人才链的协同发展。而上述四个链条的有机联动、有效呼应的前提，则有赖于以互联网为基础、以大数据为主线、以人工智能为驱动的"数据链"穿插联动，从而真正引领我国经济社会发展实现全要素数字化转型。基于此，本章结合数据要素与其他要素联动的三层次模型，构建了围绕产业链，以数据链重构创新链、资金链、人才链的"五链协同"理论。

5.1 五链协同的技术经济本质

从创新经济和技术经济学的角度，"五链协同"的本质是实现数字经济时代多价值链的有机联动和动态组合管理。在新一代信息技术的推动下，未来的经济社会运行将进一步网络化，从而打破现有的社会分工模式，使得新的产业运作模式呈现出功能复合化、角色多样化以及服务全程化的特点。原来的实体经济活动在明确的社会分工框架下进行，而未来数字经济时代的分工将在很大程度上被破坏或重构，以往经济功能相对明确和单一的各种制度设置，如政府、科研机构、企事业单位等都必须相互交叉、相互渗透，并兼有其他社会经济主体的功能，从而出现了打破社会明确分工的混同式、一体化发展特点。网络融合的不断发生，最终通过人类信息行为的融合化趋势反映到企业运作模式上，将使自信息技术出现以来就一次次被打破和模糊化的企业界限进一步模糊，这种边界的模糊化趋势进一步扩展到产业与产业之间。

在这种情况下，现代经济活动中人才、技术、资本、管理等创新要素的价值链联动，难以完全依托单体性项目来实现，而必须依靠高度数字化、智能化的信息环境，实现以数据为纽带的多要素链条联动。同时，以往传统的单体型的或离散型的项目实施与管理模型，将不再适合未来的数字经济需求，以数据为内核，实现协同创新、协同育人、协同创投、协同发展的综合型产业创新中心将成为未来数字经济活动的一个必不可少的中枢。因此，未来的产业管理制度中，传统的线性供应链管理将让位于动态的、以数据驱动的价值网管理体系。

5.2 实现五链协同的基本路径

基于上述分析，我们提出数字经济时代实现全要素数字化的"五链协同"基本框架，其基本原理可概括为五句话，即"围绕产业链、整合数据链、联结创新链、激活资金链、培育人才链"，即围绕产业链的不同环节，以多源异构数据融合为基础，动态联动人才链、资金链、创新链上的不同主体、不同要素，如图5-1所示。

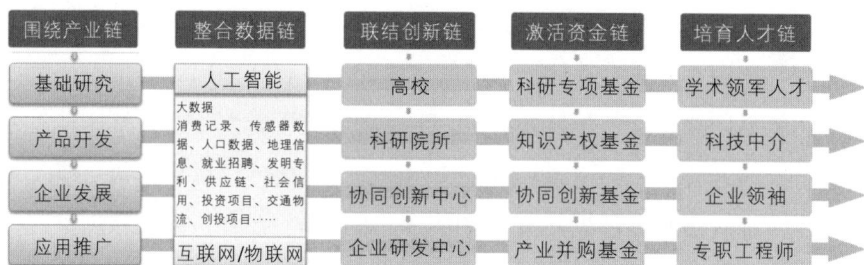

围绕产业链	整合数据链	联结创新链	激活资金链	培育人才链
基础研究	人工智能	高校	科研专项基金	学术领军人才
产品开发	大数据 消费记录、传感器数据、人口数据、地理信息、就业招聘、发明专利、供应链、社会信用、投资项目、交通物流、创投项目……	科研院所	知识产权基金	科技中介
企业发展		协同创新中心	协同创新基金	企业领袖
应用推广	互联网/物联网	企业研发中心	产业并购基金	专职工程师

图5-1 实现全要素数字化的"五链协同"模型

基于上图，"五链协同"的实现路径可以归纳为三个方面：

一是围绕产业链，以数据链联结创新链。其基本做法包括：（1）不断深化校企合作，形成产学研协同机制。（2）不断促进企业技术创新，搭建创新孵化平台。（3）培育壮大规模体量大、带动力强的龙头企业，推进创新链整合战略。

二是围绕产业链，以数据链激活资金链。其基本做法包括：（1）优化金融政策，发挥政府引导作用。政府可通过财政补贴或税费减免方式，调拨有针对性的政策性贷款或创新项目支持资金，支持实体经济企业开展信息化建设和大数据分析业务；通过设立专项科研基金支持前瞻技术研发，推动大数据和人工智能在产业中的应用；通过拟订重点产业数字化提升计划，搭建产业提升平台，推介、引进关键技术、关键机构、关键项目，促进数据与产业相关资源的梯度配置。（2）设立产业基金，构建多元投资渠道。通过产业并购基金、知识产权基金和协同创新基金等方式，构建多元化的投融资渠道，运用好资金的刺激引导作用，创新融资形式，把握好具有创新需求的民间中小企业的多元需求，促成创新成果转化与产业化发展。同时，积极调动社会风投资金，围绕资金链条布局，推动建成一批具有较强研发能力的社会化大数据研究机构，直接向特定行业企业提供数据支持与信息服务。（3）鼓励数据交易，释放企业数据红利。吸引实体经济企业投资，成立国家级产业大数据交易中心，通过股份制方式开展运营，主要承担促进商业数据流通交易、公共数据与商业数据融合应用等工作职能。数据交易中心作为产业枢纽工程，能够有效促进多源数据流通共享，助力企业发展与经济增长。

三是围绕产业链，以数据链培育人才链。基本做法包括：（1）创新人才发展体制改革，下好人才"先手棋"。推动互联网、大数据、人工智能和实体经济深度融合离不开人才队伍建设，人才既是促进产业发展的最大动力，也是制约产业发展的最大瓶颈。（2）创建"国家数据大学"，打造人才"新磁场"。以"产业链－数据链－人才链"有机联动为目标，以全球视野创建国际一流的"国家数据大学"，将互联网、大数据、人工智能和实体经济深度融合定义为国家级重点学科，提高基础理论研究水平，加大中高端消费、创新引领、绿色低碳、共享经济、现代供应链、人力资本服务等领域技术研发力度，为科研人才创造公平、公正、有利于科技创新的生态环境，吸引天下英才纷至沓来。（3）健全服务机制，激发人才创造力。利用数据链寻找并发现制约人才发挥作用的现实矛盾和突出问题，将健全服务机制作为切入点和着力点，为各层次人才提供"代理式""一站式""全天候"服务，纵深推进企业股权和分红激励等机制措施，让人才为互联网、大数据、人工智能和实体经济深度融合注入新动能，最大限度地激发并释放人才的创新动力和创造活力，不断促进产业链、数据链和人才链同频共振。

5.3 重庆渝北高质量发展的典型实践

2017年10月18日，党的十九大报告正式提出建设数字中国的战略构想，随后在12月8日，习总书记在主持中共中央政治局第二次集体学习时再次强调，要"加快建设数字中国，更好服务我国经济社会发展和人民生活改善"。近年来，重庆市渝北区积极响应党中央、国务院号召，通过创新体制机制，探索开展"数字渝北"建设，有了良好开端。

1）强化顶层统筹、创新工作机制

为贯彻落实党中央、国务院和重庆市委市政府关于推动大数据战略发展的决策部署，切实推动渝北经济社会发展，渝北区委区政府高度重视"数字渝北"建设，并通过与国家信息中心开展央地协同，建立了由渝北区委区政府主要领导和国家信息中心大数据发展部主要领导共同组成的"数字渝北"建设工作联合领导机制。2018年6月，渝北区委正式印发《关于组建数字渝北建设工作领导小组的通知》（渝北委〔2018〕52号），联合成立数字渝北建设工作领导小组。领导小组办公室设在区发改委，牵头协调"数字渝北"建设。具体承担包括审议和研究推动数字渝北战略的重大规划、重大政策、重大问题和年度工作安排，协调跨部门重大事项，督促检查重要工作的落实情况等职责。通过构建新型组织协调机制，切实强化"数字渝北"建设的组织领导和上下协同力度。

2）坚持五链协同、激发创新活力

在"数字渝北"建设过程中，渝北区依托仙桃数据谷积极构建整合数据链、激活创新链、培育人才链、配置资金链、汇聚产业链的数字经济"五链协同"发展体系。

（1）整合数据链

渝北区以数据归集为切入点，通过发挥与国家信息中心战略合作支点作用，全面整合落地政务数据、社会化数据和国际数据。目前，国家发改委大数据中心重庆分中心和国家信息中心"一带一路"大数据中心西部分中心先后落地渝北仙桃数据谷，重庆市宏观经济决策沙盘可视化系统（一期）正式上线，渝北区级政务信息系统整合共享平台正在稳步推进。通过探索完善政务数据和社会数据平台化对接机制，实现渝北区信息化全天候网络支撑、全方位数据感知、全链条智能决策、全业务协同治理、全用户便捷服务和全景式综合展示。

（2）激活创新链

由国家信息中心牵头，在仙桃数据谷落地成立的重庆西部大数据前沿应用研究院，作为仙桃数据谷大数据创新生态圈的重要组成部分，推动打造面向西部地区的"大数据采集汇聚体系、大数据协同创新体系、大数据人才孵化体系、大数据治理支撑体系、'一带一路'大数据综合服务体系"，为渝北区和重庆市主动融入国家大数据战略布局，对接国家大数据决策、大数据资源、大数据产业等提供承载平台，将渝北区打造成国内大数据应用前沿领域技术创新和"政产学研金用"一体化高地。

（3）培育人才链

由北京大学等高校联合发起成立重庆市仙桃大数据与物联网职业培训学院。学院总建筑面积约为14.2万平方米。目前已经汇聚了100门大数据、人工智能、物联网专业技能课程，20门大数据复合创新人才培养课程和20门大数据行业精英课程；招聘大数据领域专兼职教师约100名，具备组织开展大数据和人工智能等领域高端应用型培训能力。此外，通过构建国际协同孵化体系，汇聚起PNP、苏河汇、百创汇等10余家孵化机构；建成投用了仙桃国际学院，并联合肯睿、微软、1024学院等10余家知名培训机构开展人才培训。

（4）配置资金链

依托国家信息中心数字中国发展基金，拟联合中国华融等业内顶尖投资金融机构，以知识产权基金、产业创投基金和股权投资基金等相结合的方式，为渝北数字经济产业生态体系不同创新环节、不同创新主体的发展提供资金扶持，促使资金向具有竞争优势的实体经济企业汇聚，确保创新性高、竞争力强的企业多元化融资需求通过各种产业基金得到高效满足，促成创新成果转化与产业化发展。

（5）汇聚产业链

仙桃国际大数据谷由重庆市政府批准启动建设，整体规划面积2平方公里，总建设规模约175万平方米（其中办公楼宇约81万平方米、商业及生活配套建筑约39万平方米、地下建筑约55万平方米），预计静态建设投资约127亿元。仙桃数据谷紧紧围绕数据链价值发展规律，布局"1+3+5+10+N"创新生态体系。"1"即大数据（BigData），"3"即物联网（IOT）、集成电路设计（IC）、人工智能（AI），"5"即聚焦5个核心产业，重点发展智能汽车、智能终端、生命健康、航空产业、数字城乡等5大产业，"10"即建立10个开放共享平台，"N"即N个创新企业集群，围绕3大核心领域关键技术和5大产业领域，建立由N个企业组成的大数据产业链、价值链和生态系统。目前，仙桃数据谷已累计入驻办公企业71家，实现产值约82亿元，大数据智能化产业的创新生态初步形成。

第6章 区域典型案例

当前，数字经济已经成为国内各区域间竞争和合作的主战场，尤其是在全球新冠肺炎疫情影响下，各地方相继加快布局发展数字经济。2020年4月新华三集团发布的《中国城市数字经济指数白皮书2020》显示，北京、广东、江苏、山东、重庆等省市数字经济发展在全国范围内处于较为领先的地位。本章基于国内数字经济发展现状，梳理总结了上述省市推动数字化转型的典型案例，以期为其他省市推进数字经济建设提供标杆和参考。

6.1 北京：创新汇聚思维推动"在北京制造"向"由北京创造"转变

北京作为全国政治中心、文化中心、国际交往中心、科技创新中心，近年来依托中关村在软件和信息服务业的领先优势，拥有知名互联网及技术企业、高端科技人才、国家强有力政策支撑等良好的数字产业发展基础，形成了比较完整的数字产业生态。北京市数字建设水平在全国首屈一指，尤其在数字社会、数字生态、资金人才保障等领域远超其他省份。作为"数字中国"建设的领头羊，北京市在以下几方面的探索值得借鉴。

一是搭建数据平台，依托"北京通"为全市政务服务优化、社会治理创新和高品质生活提供强大动力。近年，北京市逐步在全市试点推广"北京通"，向市民颁发"北京通"虚拟卡，推出"北京通"App。该平台以"互联网政务服务"的方式，通过实名认证、用户授权等实现跨委办局信息互联互通，整合身份证件、社保、健康、教育、交通等各类信息，建立"公民电子档案"，解决多卡并存、公共服务分散的问题，支撑并辅助政府部门的决策和信用体系建设，让市民充分享受到北京城市综合服务和信息化带来的便利，真正体会到高品质生活带来的幸福感。此外，北京市经信委制定了《"北京通"卡片技术标准》，规范了卡片种类、号码规范、卡片样式、应用构成、密钥管理、数据规则和安全机制，最大限度地保护敏感信息。

二是构建融合创新体系，以互联网思维集聚、共享各方创业创新资源。2017年8月，《北京市推进两化深度融合推动制造业与互联网融合发展行动计划》印发，提出建设"双创"100工程，要求搭建互联网"双创"平台，探索基于平台的众包研发、协同制造、众创定制等新模式，鼓励大中小企业联合创新创业。2019年年底《北京市促进大中小企业融通发展2019—2021年行动计划》印发，提出进一步升级"双创"平台，依托大数据分析、信息资源整合等，构建工业互联网网络、平台、安全三大功能体系。北京市提出，要强化产业链前端创新，推进首都科技资源在线开放，搭建研发试验、检验检测、知识产权、技术交易等专业化创新服务平台；强化海淀区等国家双创示范基地、中关村创业大街、中关村智造大街的辐射引领功能，打造集工业设计、技术研发、检测认证、产品中试、协同服务、营销推广于一体的"双创"服务体系；由企业、高校和科研院所联合搭建协同创新平台网络，建设国家级制造业创新中心、国家级企业技术中心、市级产业创新中心；推动大型信息化服务商提供基于互联网的信息技术应用，支持中小企业业务系统向云端迁移，依托云平台构建多层次中小企业服务体系。

三是健全保障机制，营造健康的政策环境、灵活创新投融资模式、打造高端智力汇聚平台。北京市结合自身优势与基础，着重在政策、资金、人才三个方面发力保障"数字北京"建设。在政策保障方面，近年来北京市经信委与市科委共同牵头起草并以市委市政府名义印发新一代信息技术、集成电路、新材料等10个高精尖产业发展指导意见，同时出台了一系列配套政策措施文件，"数字北京"政策体系逐步完善。在资金保障方面，统筹各类专项资金和信息化发展资金，加大对数字产业发展共性技术突破、平台建设、试点示范等重点项目的支持；积极推动政府采购面向重点行业和领域的云计算、大数据服务；稳妥有序推进北京中关村国家自主创新示范区投贷联动业务试点；利用高精尖产业发展基金及科技创新基金等基金政策，支持产业基金、股权投资、贷款贴息等多种方式，带动更多社会资本投入数字北京建设。在人才保障方面，北京市提出高端人才引进和培养"百千万"计划，即在人工智能、机器人、新材料、3D打印等领域，面向全球引进百名具有世界科技前沿水平的顶尖专家，千名能够突破重点行业与领域融合发展关键技术的领军人才，培养万名在推进融合发展领域起骨干作用、具有发展潜能的优秀高技能年轻人才。

6.2　广东："政府管平台、平台管产业"打通数字经济与实体经济融合大通道

广东省是我国对外开放前沿阵地。多年来，广东省在数字产业化和产业数字化方面一直保持全国领先水平，电子信息制造业、软件和信息服务业规模多年位居全国第一，拥有一大批实力强劲的数字经济骨干企业。近年来，广东省着力加快打造互联网、大数据、人工智能与实体经济深度融

合的现代产业体系，并出台了《广东省数字经济发展规划（2018—2025年）》。其依托省内雄厚的产业资源、创新资源和数据资源，以"政府管平台、平台管产业"模式推动数字经济与实体经济深度融合，取得了以下成效：

一是搭建数据平台，为全省政务服务优化、产业转型升级和社会治理创新提供强大动力。广东省数据资源丰富，商贸、港口、航运、物流、海关、商检、医疗、金融、通信等数据规模和吞吐量均处于全国前列；省内拥有广州、深圳两大国家级超算中心，运算速度和综合技术水平全球领先。2016年4月，《广东省促进大数据发展行动计划（2016—2020年）》印发，提出到2020年要建成全省统一的电子政务数据中心，以及10个左右地市级政务数据分中心；2017年11月，《广东省政务信息系统整合共享工作方案》印发，提出到2018年6月底前，要建成全省一体化政务信息资源共享平台，实现省、市、县三级联通，同级部门数据对接；2017年11月，省政府召开常务会议，审议并原则通过《广东"数字政府"改革建设方案》，提出推进政务信息系统整合，破除"信息孤岛"，在全国率先打造"数字政府"。通过整合打通政府内部业务数据，广东省全力推进政务数据和社会数据平台对接，逐步实现数据共享、业务协同、服务优化。在此基础上，广东省提出依托省政务信息资源共享平台，通过"开放广东"政府数据统一开放平台，发布数据开放目录及普遍开放的数据集，优先推动医疗、卫生、环境、交通、旅游、文化、质量、气象、农业等政府数据向社会开放，引导企业、行业协会、科研机构、社会组织等主动开放数据，鼓励社会组织和相关机构建设行业性数据资源平台，促进行业数据共享与流通。

二是搭建产业平台，建立完善多层次、系统化的数字经济产业发展平台体系。广东省明确提出了支持发展"平台经济"的理念，要求在数字经济发展过程中，注重发展专业化生产性服务平台，重点开展研发设计、第三方物流、检验检测、信息服务、咨询策划等服务平台建设，引导平台企业积极探索将数字经济服务产品与实体经济定制相融合的互联网服务新模式。广东省提出，支持格力电器、TCL海外电子等制造业骨干企业建设协同研发设计平台，推动行业生产要素与资源集聚，发展产业链上下游协同以及网络众包；依托华为、美的等制造业企业，推动大数据在研发设计、生产制造、经营管理、市场服务、设备增值服务等产业链全流程应用，建设一批制造业大数据平台，培育一批"数据工厂"；加快国家超级计算广州中心、深圳中心高性能计算能力和云平台能力的拓展应用，鼓励互联网龙头企业、基础电信企业向创业者和中小微企业开放数据资源、云平台和计算能力，推动全省企业"上云上平台"。通过建设印刷与柔性显示技术集成与研发公共开放平台、智能网联汽车智能化平台、全省市场监管信息平台和安全生产大数据平台等一批数字经济与实体经济深度融合的公共服务平台，全力推进全省产业数字化进程。

三是搭建创新平台，建立数字经济领域政、产、学、研、金、用协同创新、协同发展的生态体系。广东省提出，鼓励中山大学、深圳大学等省内科研院所和重点企业共建面向智能技术产业化应用的联合实验室，重点突破深度学习、类脑计算、脑机接口等核心技术，推动研发无人机、无人驾驶汽车等人工智能新产品。在数字经济领域支持国家级、省级"双创"示范基地和"双创"空间建设大数据创业创新孵化平台，支持面向全省的创新创业大数据服务平台建设，开展在孵企业、毕业企业、创业导师等指标动态监测。组织开展大数据创业创新大赛，遴选和培育一批优质大数据项目。明确要求，到2020年，全省要建成10个左右大数据创新创业孵化平台；建成50家以上数字经济领域企业技术中心、工程（技术）研发中心、工程实验室等创新平台；建成创新创业大数据服务平台，服务1万个创业项目，增加3 000名创业导师。到2025年，建成20个左右大数据新型创业孵化平台，支撑大批创新创业项目落地。涌现一批服务经济社会民生的大数据新业态，培育超过10家国家级创新平台，建成100家以上数字经济领域创新平台。

深圳市，作为广东省内数据经济发展十分有代表性的一个城市，以"政府管平台、平台管产业"，打通数字经济与实体经济融合大通道。

深圳市被称作我国"最互联网的城市"，在全国数字产业化和产业数字化方面一直保持领先水平，拥有一大批实力强劲的数字经济龙头企业。深圳在数字经济发展、数字治理、智慧社会、数字文化、数字应用领域都处于全国领先地位。近年来，深圳全力打造数字经济发展试验区，探索更具弹性的审慎包容监管制度，为数字经济发展提供良好的发展环境，从人工智能、大数据、物联网等多个重点领域不断突破与创新。同时加快推进智慧城市基础设施建设，加大数字经济创新载体搭建，加强数字经济知识产权保护力度。深圳依托雄厚的产业资源、创新资源和数据资源，以"政府管平台、平台管产业"模式推动数字经济与实体经济深度融合，取得了良好效果。

深圳市搭建政府数据开放平台，组建成立深圳市政务服务数据管理局，已实现每日超过2 000万条数据在市、县二级交换共享，交通、医疗、教育、财税、公共安全等多个领域向社会开放政务数据，并鼓励企业和社会公众在疏导交通、预防传染病、人流密集预警等方面开展应用创新。近年来，深圳数字政府建设在民生政务、人才就业、生命健康、生态环保等多方面取得成效。深圳早在2017年就全面完成"一门式一网式"政府服务模式改革。2018年6月，深圳市人社局运用大数据和人工智能技术，率先在全国开展应届毕业生接收"秒批"改革，彻底打破了部门壁垒，将人才引进通道全面打通。2019年深圳上线统一政务服务App"i深圳"，为市民提供"一屏一账号"线上服务统一入口，实现95%个人事项、60%法人事项掌上办。

2018年，深圳发布战略性新兴产业发展专项资金扶持政策，适用于数字经济等深圳市重点发展的战略性新兴产业；2019年5月，深圳市工业和信息化局对外发布 2020 年第一批数字经济产业扶持计划申请指南，明确了"数字经济产业链关键环节提升扶持项目""数字经济产业服务体系扶持项目"两大支持领域，以促进各行业生态链的融合变革，推动企业开展数字化、网络化和智能化转型升级。建设数据开放平台和大数据交易平台，打造基于开源数据的创新创业服务平台，开展在孵企业、毕业企业、创业导师等指标动态监测。组织开展大数据与人工智能创业创新大赛，遴选和培育一批优质大数据项目。

6.3 江苏：数字时代为传统产业和公共文化插上腾飞的翅膀

在江苏，一场以数字化为形式、技术为手段、经济转型升级为目标的变革，已经拉开帷幕。数据显示，江苏上"云"企业超过 22 万家，物联网业务收入占全国"半壁江山"。同时，江苏拥有坚实的制造业和实体经济基础，把握数字化、网络化、智能化发展机遇，先后出台了发展互联网经济、大数据、人工智能、工业互联网等一系列政策文件，推动增长方式从要素驱动向创新驱动转变。2018 年全省数字经济规模超过 3 万亿元，居全国第二位，互联网企业超过 2 800 家，其中全国互联网百强企业 7 家、国家级电商示范企业与基地 27 个。入选国家智能制造试点示范项目 7 个。2019 年，全省数字经济规模达到 4 万亿元左右，占地区生产总值比重超 40%，高于全国平均水平 10 个百分点。数字经济在江苏崭露头角，成为新时代江苏经济社会高质量发展的重要新动能，规模位居全国前列。数字经济正在为江苏经济高质量发展注入活力。

江苏数字经济发展在思想上重视，在行动上有力。在产业领域，江苏聚焦十大战略新兴产业，13 个产业集群，每个产业里都有数字经济的新增长点。在地区经济中，南京一面围绕创新名城，一面抓江北新区新增长点，突出智能化发展、新产业发展。南京打造创新名城，本身就有软件谷、软件产业，充分发挥南京地区高校和科研院所集中的优势。苏州是江苏最早进入万亿元级经济的大城市，近些年来，一面利用跨国公司的新技术，一面重视国内科学家智慧的运用，经济的智能化、数字化程度有新突破，如苏州工业园区等。无锡的鲜明特点在于物联网经济进一步成长壮大。苏中和苏北，农产品流通销售、运输管理智能化和数字化不断加深，徐州、宿迁等农村电商、数字经济发展很快。苏北大运河文化带建设也充分发展智能用户管理技术。盐城南部的智能高新、智能经济板块，带动作用突出。在民生领域，政府公共管理服务力求"让老百姓和企业办事少跑腿，让数字多跑路"，智能化走实、走细、走深。一方面，江苏的产业体系、经济体量很大，其转型升级和高端发展对数字经济有迫切的需求。另一方面，江苏科教实力雄厚，大专院校及其科研人才是江苏培育发展数字经济的基础，是江苏发展数字经济的充足条件。

江苏省充分利用信息化对经济社会发展的驱动引领作用，大力发展数字经济，激发经济新动能。在数字经济的风口之下，借助新的发展机遇，数字经济呈现规模增长迅速、创新融合驱动加快、新业态不断涌现的良好发展态势。阿里研究院与21世纪经济研究院联合撰写的《打造全球数字经济高地：2019数字长三角一体化发展报告》显示，在数字基础设施建设指数方面，南京、苏州领先，常州跻身前五位；在数字产业指数方面，苏州占据工业数字经济指数第一位，南京、无锡均居于前五位。此外，南京教育支付指数排名第一。

数字产业化是数字经济的先导力量，为各行业提供充足数字技术、产品和服务支撑，奠定数字经济发展坚实基础。2019年，全省电子信息产品制造业实现主营业务收入约2.6万亿元，同比增长约3.4%，软件和信息服务业主营业务收入约9 900亿元，同比增长13%。江苏数字产业已经具备高质量发展的基础。2019年，江苏入选全国电子信息百强企业12家、软件百强企业9家、互联网百强企业6家、互联网成长型20强企业3家。

诞生了运满满、汇通达、苏宁金服、孩子王、好享家、艾佳生活、华云数据、远景能源等一批独角兽企业，聚合数据、朗动科技、银承网络等一批创新能力强、业务模式新、发展态势好的企业快速成长，新动能正在源源不断积聚。

6.4　山东：紧牵新旧动能转化"牛鼻子"助推经济高质量发展

山东省敢为人先，以信息化培育新动能，以新动能推动新发展，不断培植和发展数字经济。山东省注重数字经济发展顶层设计，从宏观和行业微观层面，制订发展规划和行动方案，推动数字经济发展，并在济南、青岛等地形成了数字经济产业集聚和发展优势，同时山东省重视数字经济产业生态建设，构建良好的数字经济发展环境，培育数字经济发展沃土。

1）顶层设计，推动发展

数字中国建设是新时代国家信息化发展的新战略。为贯彻落实国家有关要求，山东省正逐步推进数字山东建设。数字经济是数字山东建设的重要组成部分，山东省以数字产业化和产业数字化为核心，注重数字经济发展顶层设计，制订科学的发展规划和实施方案，以全面提升数字经济时代山东发展的核心竞争力和综合实力。

2018年1月3日，国务院正式批复《山东新旧动能转换综合试验区建设总体方案》（国函〔2018〕1号），同意设立山东新旧动能转换综合试验区。山东新旧动能转换综合试验区是中国第一个以新旧动能转换为主题的区域发展战略综合试验区，其建设有利于培育新增长点、形成新动能，增强山东省经济创新力和竞争力。《山东省新旧动能转换重大工程实施规划》（鲁政发〔2018〕7号）明确提出要发展新兴产业，培育形成新动能，加快互联网、大数据、人工智能和实体经济深度融合，大力发展数字经济，深入推动新一代信息技术向各行业、各领域广泛渗透应用，构建泛在互联融合智能安全的信息技术产业体系；要提升传统产业改造形成新动能，依托"互联网+"等现代信息技术，推进高端化工产业、现代高效农业、文化创意产业、精品旅游产业、现代金融服务等产业发展。

《数字山东发展规划（2018—2022年）》提出培植壮大数字经济新动能。加快数字产业化和产业数字化，围绕核心引领、前沿新兴、关键基础、高端优势四大领域，聚焦突破大数据、云计算、人工智能、区块链等重点领域。坚持"从数字中来，到实体中去"，注重原有生产模式、运行模式、决策模式的数字化转变，使山东经济迈向体系重构、动力变革和范式迁移的新阶段，打造全国智能制造标杆和服务业、农业数字化先行区。要求壮大新一代信息技术产业、推进智能制造加快升级、引领服务业数字化发展、发展特色高效数字农业。

自2019年以来，山东省连续两年发布数字山东行动方案。《数字山东2019行动方案》（鲁政办字〔2019〕45号）和《数字山东2020行动方案》（鲁政办字〔2020〕47号）均明确提出大力发展数字经济，培育富有活力的数字经济，提出推动数字产业化发展、提升产业数字化水平，同时《数字山东2020行动方案》要求培育数字产业生态。

为大力发展数字经济，加快推进新旧动能转换，山东省发布数字经济专门性政策《山东省支持数字经济发展的意见》（鲁政办字〔2019〕124号，以下简称《意见》）。《意见》围绕数字产业化、数字农业、智能制造、智慧服务、培育新业态5大任务，从加大要素供给、强化人才支撑、激发创新活力、培育市场主体、加强资金扶持等5方面，提出了19条具体的政策措施。在加大要素供给方面，针对数据资源、基础设施、用电、用地等关键要素明确了支持政策。在强化人才支撑方面，围绕人才培养、引进、激励和创新引智方式提出了具体政策。在激发创新活力方面，提出了激励企业创新、建设创新平台、科技资源共享和科技成果转移转化等措施。在培育市场主体方面，围绕支持企业发展、鼓励招商引资、支持集聚发展明确了支持措施。在加强资金扶持方面，提出了项目支持、税费优惠、社会资本、金融信贷等扶持政策。为确保各项政策顺利落地实施、目标任务如期完成，提出了加强组织协调、鼓励先行先试、推动融合发展、营造良好氛围、强化统计评价等5条措施。

以上一系列数字经济发展相关政策、规划的出台，表明了山东省大力推进新旧动能转化、发展数字经济的态度和决心，也表明了山东省发展数字经济注重顶层设计，规划力求科学性，发展力求稳健突破，逐步推进地区数字产业化和产业数字化，拉动地区经济发展，提升山东省数字经济发展在全国的核心竞争力。

2）数字产业化发展

数字产业化是数字经济的基础部分，即软件和信息技术服务产业，包括信息技术服务业、软件服务业、信息传输服务业、电子商务服务业等。山东省第四次经济普查结果显示，2018年年末，以互联网信息技术为主的信息传输、软件和信息技术服务业企业法人5.8万个，比2013年年末增长489.0%，其中软件和信息技术服务业企业法人4.8万个；2018年年末，信息传输、软件和信息技术服务业企业法人单位资产总计4 694.0亿元，全年实现营业收入2 737.2亿元，其中软件和信息技术服务业企业法人单位资产总计1 997.0亿元，全年实现营业收入1 182.4亿元。2019年山东省经济和社会发展统计公报显示，2019年规模以上软件和信息技术服务业营业收入比上年增长19.7%。

软件服务业是软件和信息技术服务产业的重要组成部分。软件是信息技术之魂、网络安全之盾、经济转型之擎、数字社会之基，是建设现代化经济体系、实现高质量发展的重要基础。山东省是软件产业大省，具备较好的产业基础和发展条件。一是产业规模居国内前列。2019年1—11月，全省软件企业达4 439家，从业人员有62.6万人，软件业务实现收入5 147.5亿元，其中软件产品实现收入1 873亿元，信息技术服务实现收入 2 337.6 亿元，信息安全实现收入 71.9 亿元，嵌入式系统软件实现收入 865 亿元。二是产业载体支撑能力较强。济南市是国内第二座"中国软件名城"，青岛市于 2019 年年底成功争创全国第五个"中国软件特色名城"，山东省软件名城数量并列全国第一位，两市软件产业规模占全省的 94.1%。目前，山东拥有齐鲁软件园、青岛软件园两个国家级产业园区，培育了 19 个省级软件园区，为产业发展提供了有力支撑。三是名企名品培育成效显著。目前全省拥有省级软件工程技术中心 125 个，海尔、浪潮、海信、中车四方、中创软件、东软载波 6 家企业入选 2019 年中国软件和信息技术服务综合竞争力百强企业；浪潮、山东开创、山东海看 3 家企业入选 2019 年中国互联网企业 100 强。浪潮 ERP、中创中间件、瀚高数据库、华天 CAD、概伦 EDA 等高端软件产品性能卓越，在业内享有较高知名度。四是市场空间巨大。山东是工业大省，产业门类齐全，传统行业优势突出，新兴产业加速发展。山东省正在加快实施工业数字化智能化技术改造等工程，着力推动数字山东建设，软件产业具备广阔的市场需求空间。

（1）政策支撑

2018 年 12 月 27 日，山东省发展和改革委员会发布《山东省生产性服务业发展布局规划（2018—2028 年）》（鲁发改服务〔2018〕1475 号），明确了软件和信息技术服务业的发展布局，其产业集群、重点园区和项目如表 6-1 所示。

2020 年 1 月 16 日，山东省人民政府办公厅发布《关于加快推动软件产业高质量发展的实施意见》（鲁政办发〔2020〕1 号），提出以下创新发展意见：

①强化产业载体建设，确定"四名"发展思路。统筹考虑软件产业智力密集、集聚发展的产业特性，实施意见提出"两名城带多名园、百名企育千名品"的"四名"发展思路，"名城、名园、名企、名品"上下承接、互动发展，引领山东省软件产业提档升级、做大做强。其中"两名城"是

表6-1　山东省软件和信息技术服务业产业集群、重点园区和项目

类别	具体内容
产业集群	济南市大数据应用产业集群、淄博市电子信息产业集群、泰安市新一代信息技术产业集群
重点园区	齐鲁软件园、青岛市南软件及动漫游戏产业园、东营软件园、潍坊软件园、山东测绘地理信息产业园、泰山云谷互联网产业园、临沂国家中印科技国际创新园、烟台电子商务产业园、诸城电商创业园、济宁海能-商动力电商产业聚集区、汶上华儒电子商务产业园
重点项目	济南市：济南大数据产业化基地、中国移动（山东济南）数据中心 青岛市：山东青岛数据中心、中科曙光全球研发总部基地、海尔集团COSMOPlat工业互联网示范平台 淄博市：IDC大数据中心（二期）项目 枣庄市：鲁南大数据中心项目 东营市：颐高利津新经济产业园 烟台市：捷瑞数字科技项目、中兴通讯信息产业园、毅德蓝色半岛物联网基地 潍坊市：跨境电商总部项目、潍坊智慧产业园 济宁市："货牛网"县域经济网络平台、基础教育名校名师优质资源聚合云平台 泰安市：泰山神农智谷大数据产业园、百度软件规模化开发科技孵化器及云计算电子商务平台、泰山office研发及产业化项目、中国北方教育装备项目 威海市：全球外包产业园项目 日照市：日照浪潮云计算大数据智慧城市平台建设项目、迈尔义齿云制造个性化定制服务平台和口腔大数据中心 临沂市：临沂华为大数据中心、中印智慧产业园——"互联网+"创新云平台 德州市：星光食糖电子商务平台 滨州市：中国铝谷公共服务平台、亿利源"互联网+肉牛业"全产业链工程项目 菏泽市：菏泽国家广告产业园、鲁西南大数据中心（一期）项目

指支持济南、青岛高水平建设中国软件名城，加快形成创新驱动策源地、产城融合样板地，辐射带动全省软件产业发展。"多名园"是指引导省级及以上软件产业园扩容提质，探索"云上软件园"模式，实现线上与线下、实体与虚拟园区优势互补。"百名企"是指重点培育100个以上省级软件工程技术中心，培育一批国际领军企业和专精特新企业。"千名品"是指依托软件名企，围绕重点领域，打造1 000个以上技术先进、市场认

可度高的软件产品和解决方案。

②围绕国家战略需求，注重产业生态培育。依托国内强大的软件市场，引导科技、金融、人才、市场等创新要素资源集聚融合。一是大力引导企业参与国产软硬件生态建设，加快基于国产软硬件的研发平台和验证测试环境建设，推动建设技术领先、应用丰富的国产软件生态体系；二是强化开源生态推广，支持开源社区、平台建设，引导企业使用开源软件开展商业模式创新；三是营造高端产业生态，建立领军企业、优势企业和种子企业培育库，强化大中小企业协同和上下游产业配套，构建企业成群、产业成链的良好生态。

③创新市场推广模式，推动融合应用赋能。加大软件保险补偿力度，加快首版次高端软件推广应用，探索建立"首购首用"机制。充分发挥软件赋能、赋值、赋智作用，聚焦"十强"产业发展、七大高耗能行业调整，举办软件产用对接会等交流活动，以用兴业，推动行业高质量发展。推动产业跨界融合，深化软件定义，推进软件向平台化、网络化、移动化延伸，形成软件、硬件、网络与数据协同驱动创新发展的新格局。

（2）济南：中国软件名城

2011年11月，济南市荣膺"中国软件名城"，成为国内第二座"中国软件名城"，经过多年深耕，济南市软件和信息技术服务业蓬勃发展。为加快软件名城提档升级，实施"名城、名园、名企、名品、名展"工程，济南市于2019年7月25日发布《济南市加快软件名城提档升级促进软件和信息技术服务业发展的若干政策》（济政字〔2019〕41号），从打造一流产业生态、支持企业做强做优做大、鼓励企业创新发展等方面，出台12条具体扶持政策，促进以软件和信息技术服务业为代表的数字信息产业集聚集群发展和高质量发展。

齐鲁软件园是"中国软件名城"济南名园建设的重要组成部分。其成立于1995年11月，是全国成立最早的"四大软件园"之一，是科技部

1997年首批认定的国家火炬计划软件产业基地。经过20多年的发展，齐鲁软件园先后获得"国家软件产业基地"、"国家软件出口基地"、"国家服务外包示范区"、"国家新型工业化产业示范基地（软件和信息服务业）"和"国家级科技企业孵化器"等国家认定品牌，形成了行业软件与大数据、信息安全、集成电路与半导体、机器人与人工智能、总部经济与金融服务业五大主导产业，已发展成为国内外知名的软件和信息服务业产业集聚区，是"中国软件名城"济南的一张亮眼名片。

自新冠肺炎疫情发生以来，山东省软件和信息服务业企业不断发力，研发了一批疫情防控相关产品，山东省大数据局在其官网进行了产品清单发布，如浪潮集团的"疫情防控信息上报系统"，协助政府部门实现辖内街道、社区、企业员工的疫情及个人健康情况上报，实现移动终端报送辖区疫情信息，自动生成辖区人员统计监测报表，对复工重点及疑似人员进行预警追踪，减轻基层工作人员压力，提高防控疫情效率；海尔数字科技的"全员防疫智能管理平台"，从企业、政府、社区、个人等方面入手，精确统计每个人的健康状况，确保体温异常人员早期上报；山东联通的"人口流动监测&应急指挥平台"，依托中国联通网络资源+大数据能力，联合政府共建人口流动监测平台。以中国联通在网的人员流动信息为基础，通过视频、音频、移动终端、AI辅助等提供针对疫情的应急指挥功能，辅助政府在重大事件发生时第一时间进行通知和管控等。

3）产业数字化发展

产业数字化是数字经济发展的重要组成部分，是数字经济的融合部分，即互联网、大数据、人工智能和农业、工业、服务业等实体经济深度融合而产生经济效益。

（1）政策支撑

山东省高度重视现代技术与实体经济的融合发展，《数字山东发展规划（2018—2022年）》明确提出推进智能制造加快升级，抓住"中国制造2025"与"互联网+"国家战略结合点,坚持"从数字中来,到实体中去",推动制造业体系重构、动力变革和范式迁移,实现传统制造向高端、绿色、服务转变;引领服务业数字化发展,围绕挖掘消费潜力、增强供给能力、激发市场活力,推进数字技术与生产性服务业、生活性服务业融合渗透,加快组织形式、商业模式、管理方式革新,持续扩大和升级信息消费,不断释放数字化现代服务业发展潜能;发展特色高效数字农业,推进数字技术在农业生产、经营、管理和服务等环节集成应用,驱动农业"新六产"快速发展,壮大以智慧农业为引领的农业新动能,助力打造乡村振兴齐鲁样板。

山东省作为我国工业大省,在现代技术与工业融合发展方面提出了更加明确的要求和实施方案。2019年7月18日,山东省工业和信息化厅发布《山东省深化"互联网+先进制造业"发展工业互联网的实施方案》(鲁工信发〔2019〕7号),提出创新发展方向和方案:

①发展目标更聚焦、更量化。聚焦和量化的目标,一方面向全社会传递完成目标的决心和勇气,另一方面也为全省各级政府、企业和各方力量推动工业互联网发展指明方向。

②平台建设更明确、更细化。工业互联网平台是连接工业全要素、全产业链、全价值链的枢纽,是整个工业互联网三大体系中的核心。强调顶层设计对平台培育的意义;明确提出建设多级平台,打造平台体系;遵循轻资产重运营的建设思路,广泛开展试验测试,探索前沿技术应用,提升平台应用服务水平。

③应用示范树标杆、接地气。应用示范方面的创新点在于树行业应用的标杆,接企业上云的地气。行业应用方面,延续并发挥省内两化融合、智能制造、双创等试点示范项目的引领作用;企业上云方面,支持中小企业基础设施上云、平台系统上云、业务应用上云和产品设备上云,降低制造企业转型升级一次性投入,提高企业运行效率和企业间协同。

④服务体系重特色、聚资源。借助"好品山东"、省综合服务平台、

省双创孵化区等区域优势资源推进平台服务体系的建立。

（2）青岛：工业互联网之都

青岛在工业互联网方面发展迅猛，志在打造世界工业互联网之都，将大数据、云计算、工业互联网、物联网、5G、区块链等新一代信息技术，更好融入工业企业的智能化技术改造，推动企业建立泛在互联、智能共享、信息安全可控的工业互联网推广应用机制，推动企业朝着装备数控化、产线数字化、车间可视化、工厂智能化、园区平台化、产链网络化、集群信息化的方向迈进，推动智能化技改新模式复制推广，助力更多的企业实现智能化转型，构建起覆盖设计、生产、营销服务等全生命周期的智能制造与管理系统，全面增强企业智能制造能力，为山东制造强省建设赋予新动能、贡献新智慧。

发展工业互联网，需要搭建平台，推动设备、软件、人员等各类生产要素与互联网对接，重构生产组织模式和制造方式。打造世界工业互联网之都，离不开国际领先的工业互联网平台支撑。青岛，已经拥有这样一个平台——海尔卡奥斯（COSMOPlat）。作为中国最早一批探索工业互联网的企业，卡奥斯已经成长为规模最大、生态引力最强的工业互联网平台，是全国工业互联网平台标杆，并得到了全世界范围内的普遍认可。目前，卡奥斯已成长为比肩美国通用电气和德国西门子的全球三大工业互联网平台之一，聚集了3.4亿用户和390多万家生态资源平台，先后主导和参与了31项国家标准、6项国际标准的制定，是唯一被IEEE、ISO、IEC三大国际组织批准牵头制定大规模定制模式标准的工业物联网平台。在工业和信息化部发布的2019年跨行业跨领域工业互联网平台中位居第一。目前，卡奥斯已经通过生态圈模式与七大模块互联互通，赋能建陶、房车、农业等15个行业物联生态，跨行业、跨领域、跨文化生态赋能，提供大规模定制社会化服务，助推企业转型升级。

新冠肺炎疫情正在改变既有的产业链关系、上下游关系、市场供求关系。全球范围内的供应链、价值链、产业链甚至市场格局正在重构。在重构新秩序的过程中，会催生很多新需求、新模式，这就需要有一种能够对接供求关系、整合上下游产业链、优化资源配置的平台，为产业、企业搭台赋能。这个平台，就是工业互联网。同时，疫情带来的劳动力、生产资料供应短缺等问题，让传统产业特别是制造业信息化、数字化改造的需求更为迫切。利用工业互联网平台，企业能迅速调整供应链，及早转产、复产；即便很多员工无法返岗，智能互联工厂也能正常运转，100%按时完成订单任务；设备维护不会受到交通管制影响，通过远程诊断基本解决问题。

疫情期间，卡奥斯发挥的价值已有目共睹。48小时为山西侯马上线全省首条全自动医用口罩生产线，同时解决生产口罩的熔喷布、无纺布等原材料紧缺问题；在线提供了全员防疫职能管理、在线快捷办公、在线教育、全场景杀菌、疫情数据智能采集、多场景协作机器人等16大复工全场景解决方案，同时链接通信大数据行程卡等生态资源，为企业复工增产提供技术支持，也为政府部门决策提供科学化、精准化大数据参考。

2020年6月8日，山东省举行工业互联网专题报告会，海尔集团董事局主席、首席执行官张瑞敏做了主题为"工业互联网发展理念和管理模式——海尔集团的探索与实践"的报告，他认为，随着工业互联网的发展，产品会被场景替代，行业将被生态覆盖，工业互联网将成为驱动经济发展的新引擎。海尔创造的人单合一模式，使员工价值与用户价值合一，为工业互联网发展提供了理论支撑，卡奥斯平台就是人单合一模式的具体实践。青岛正用工业互联网平台更多地赋能企业，加快培育千亿级产业新生态，推进数字经济发展。

除海尔卡奥斯外，青岛酷特智能C2M平台也是全国工业互联网平台标杆。

4）大力发展数字农业

2019年3月20日，山东省人民政府办公厅印发《数字山东2019行动方案》（以下简称《方案》），要求深入实施"互联网+现代农业"，推动农业"新六产"快速发展，支持潍坊、临沂、日照、菏泽等市打造"中国农产品电商之都"。《方案》提出，要打造数字农业样板，深入实施"互联网+现代农业"，加强农业大数据公共服务平台建设，利用大数据技术提升农业生产、经营、管理和服务水平，推动农业"新六产"快速发展。加快完善新型农业生产经营体系，建设智慧农机、智慧灌溉、智慧渔业、智慧种业、智慧畜牧，培育一批网络化、智能化、精细化的现代"种养加"生态农业新模式。

此外，山东省大力发展农村电商，积极创建农村电商示范县，加快培育农产品电商平台和服务企业，鼓励新型农业经营主体对接电商平台，支持潍坊、临沂、日照、菏泽等市打造"中国农产品电商之都"。培育"互联网+订单农业"，鼓励农业龙头企业与互联网企业合作，建立产销衔接服务平台。

2019年7月12日，《山东省人民政府办公厅关于印发山东省支持数字经济发展的意见的通知》（鲁政办字〔2019〕124号）中指出要发展特色高效数字农业。以打造乡村振兴齐鲁样板为引领，着力发展农业"新六产"，培育数字农业新动能。创新发展智慧农业，推进数字技术在农业生产、经营、管理和服务等环节的集成应用。推动智慧农机、智慧灌溉、智慧渔业、智慧种业、智慧畜牧工程建设，建设一批智慧农业应用基地。培育"互联网+订单农业"，建立产销衔接服务平台，促进消费需求与农业生产高效匹配。大力发展农村电商，积极推动电子商务进农村综合示范工作。实施信息进村入户工程，加快益农信息社建设。

（1）山东出台"苹果"产业高质量发展行动计划

2020年3月23日，《山东省人民政府办公厅关于印发山东省推动苹果产业高质量发展行动计划的通知》（鲁政办字〔2020〕38号）中强调，山东要把发展现代果业作为推动乡村产业振兴的重要抓手，以农业供给侧结构性改革为主线，以市场需求为导向，推进苹果区域化布局、规模化种植、集约化栽培、机械化管理、品牌化销售、产业化经营，加快建设现代果业强省。到2025年，全省苹果种植面积稳定在400万亩左右，年产量达到1 100万吨，亩均效益增加500元以上，优质果率达到90%以上，现代栽培模式果园发展到120万亩。

计划指出，推动苹果产业高质量发展的六项重点工程包括：实施品种更新换代示范工程、实施栽培模式示范提升工程、实施科技支撑工程、实施经营主体培育工程、实施品牌培育提升工程、实施加工增值增收工程。

一要加快名特新优品种示范推广，深入实施果树良种苗木繁育工程，每年在苹果主产县（市、区）扶持建设1个单体面积100亩以上的苹果新品种、新技术展示示范园，全省总量控制在10个左右。二要示范推广现代栽培模式，每年建设单体面积不少于200亩的省级现代矮砧集约高效栽培示范园若干个，总规模1万亩左右，带动全省新发展现代栽培模式苹果园10万亩以上。改造提升传统栽培模式，每年建设单体面积不少于200亩的省级传统栽培模式改造示范园若干个，总规模1.5万亩左右。到2025年，全省完成适龄郁闭果园改造提升任务150万亩。三要加快苹果产业关键技术研发，加大省力化疏花疏果、果园智能化管理等先进技术的推广应用，在果实免套袋栽培技术、化肥农药减量技术、土壤有机质提升等方面开展集中攻关。四要落实好国家出台的培育新型农业经营主体的各项政策，鼓励各类工商资本投资发展苹果产业，培育壮大一批大型苹果加工销售龙头企业，建立一批规模化、专业化果品生产基地，推进产加销一体化发展。五要实施品牌培育提升工程，深入开展区域公用品牌和企业产品品牌评选，积极推进"三品一标"认证工作。到2025年，全省培育打造省级以上知名苹果品牌10个以上。每年在烟台举办中国·山东国际苹果节，通过开展并组织企业积极参加各类展览展销活动，广泛宣传推介山东果品品牌，提升市场影响力。六要实施加工增值增收工程，依托现代农业产业园、农业产业强镇和特色农产品优势区，引导苹果加工企业向产业园区和优势产区集聚，把果汁、果脯、罐头、果干等初加工产品作为发展重点，布局建设一批烘干、保鲜、包装、储藏等初加工和商品化处理设施，提升苹果初加工水平。

（2）积极开拓创新，发展新兴数字农业

山东省临沂市蒙阴县地处沂蒙山区腹地，境内94%的面积是山地丘陵，林果园面积达到100万亩，年产果品30亿斤，是典型的山区县、农业县。2017年被确定为"山东省首批国家电子商务进农村综合示范县"后，蒙阴县紧紧抓住电子商务进农村综合示范项目建设机遇，狠抓电子商务的基础设施建设，全力完善物流配送体系，强化电商致富带头人，探索形成"四个三"工作机制，有力推动了农产品上行，也为脱贫攻坚注入了强大动力，以蜜桃为主的特色农产品呈现网货化发展趋势，销量年均增长30%以上，实现了农民增收、农业增效和农村发展。2019年年末，蒙阴县有电商店铺4 900多家，电商网络零售额3.2亿元，比2017年增长91.6%，农产品网络零售额增长97.9%，国家电子商务进农村综合示范项目在蒙阴县落地生根、开花结果。

①三种培育模式成就电商致富带头人

一是采用"内聘讲师+外请专家"培训方式。蒙阴县通过加大本地骨干师资培养，外聘兼职电商专家，初步建立了一支可满足各类培训需要的多元化师资队伍。二是以"挖掘典型+创业指导"进行示范带动。深入挖掘培训电商创业人才，发挥典型示范带动作用，引导更多的人投身电子商务创业就业。三是开展"跟踪回访+网络授课"专项服务。每期电商培训班结束后，都建立由县商务部门工作人员、授课老师、电商学员组成的微信群等服务平台，对学员的创业情况进行跟踪，及时帮助学员解决问题。目前，对已开店的579名创业者实行跟踪服务。

②三条上行路径带动农产品出村进城

一是突出村级站点这个基础。村级电商服务站是农产品上行的"最初一公里"。依托电商、超市、代办点、供销e家、金融代办点等，蒙阴县建成村级电商服务站点247个，行政村覆盖率71%，贫困村覆盖率85%。二是把握物流运输这个核心，探索形成"米云模式"。完善县乡村物流体系建设，支持米云公司整合县内快递资源，与7家快递企业合作，统揽各快递企业到乡镇的邮件，最终通过村级服务站到达村民手中。三是加强配送中心和仓储中心建设。建设县级公共物流配送中心和电商仓储中心各1处，主要用于农产品仓储、分拣、打包等，销售旺季日均3万单以上。四是加快供应链基地建设。结合蒙阴县实际，建设5个供应链发货基地，形成多层次、多区域的网货供应平台体系，确保所提供网货在质量、包装、食品安全等方面形成标准化供应链条。五是用好电商直播这个关键，培育壮大直播队伍。依托县电子商务公共服务中心，积极开展抖音、快手等电商直播培训，已开展5次短视频直播培训，培训人员150多人次。2020年3月3日，由快手官方组织的"全国百县县长助农直播活动"首站来到蒙阴县，王锦栋副县长等3名副县级领导进入直播间宣传蒙阴苹果，短短两个小时的直播，获得4.6万个在线消费者的关注，累计销售苹果2万多单。

③三类帮扶方式助力脱贫攻坚

制定《蒙阴县电子商务产业精准扶贫实施方案》，针对贫困村和贫困户需求做到因村制宜、因户施策，确定了培训创业型、股份合作型、产业带动型3类主要帮扶方式。

一是培训创业型。开展"电商助农"精准扶贫培训，对第一书记村、贫困村和有能力有意愿的建档立卡贫困户、残疾人等困难人员进行培训，扶持其直接从事电子商务或从事与电子商务相关的工作，尽快脱贫致富。

二是股份合作型。对掌握一定资源但缺乏劳动能力或创业技能的贫困群众，实行"公司运行+贫困户开店"模式，开设专项扶贫店铺，主要经营农产品、手工产品，产品和相关从业人员优先从帮扶贫困户和所在村选择。

三是产业带动型。让有一定劳动能力的贫困户参与到果品种植、采摘、分拣、包装等电商产业链条的用工中，以通过劳务得到报酬的方式带动贫困户增收。

④三大成效持续赋能乡村振兴

第一，促进农民增收。电商已经成为蒙阴县果品销售的重要渠道之一，既带动了果品价格的上涨，又拓宽了销售渠道，果品从田间地头卖到了省外、国外，农民实现了致富增收。

第二，促进农业增效。发展农村电子商务是推进农业供给侧结构性改革的重要举措，对于促进农业提质增效具有重要意义。2019年，88个村级电商服务站与测土配肥企业合作，开展测土配肥业务，最高单日收到测土样品100余份。

第三，促进农村发展。自国家级电子商务进农村综合示范项目实施以来，近1 000名在外务工者或返乡创业大学生加入农村电商队伍，有的建设供应链基地、果品追溯基地；有的成立果品专业合作社、建设果品交易大棚等，提升了道路、网络基础设施建设，促进了农村发展，有力推动了乡村振兴。

（3）农业研究院为数字农业保驾护航

2019年12月2日，由山东农业发展集团与中华全国供销合作总社济南果品研究院联合成立的"山东农业产业研究院"在济南正式成立。这是山东省农业领域以市场为导向，探索"政产学研金服用"多方协同联动的新型创新平台。

山东作为农业大省，烟台大樱桃、金乡大蒜、昌乐西瓜、平邑金银花等众多产品家喻户晓，但多以大宗商品和低端资源类商品交易为主，附加值不高。当前，山东省正处于农业产量大省向农业品牌强省的转型期，农业科研成果产业转化率不高，标准化生产、产业化运营、品牌化营销的现代农业新格局还未形成。山东农业产业研究院成立以后，主要致力于开展农产品标准建设、溯源体系建设、技术服务、科技成果转化等工作，以"攻关一批行业前沿课题，突破一批具有国际领先的行业技术，转化一批具有市场竞争力的科技成果，制定一批引领产业的行业标准"为目标，将服务"三农"与"现代高效农业新旧动能转换"相结合，整合相关产业链、价值链和供应链，助力山东省打造农产品的核心竞争力，助推山东省农业现代化建设和创新驱动发展战略实施。

5）数字经济产业生态

山东省注重数字经济产业生态建设，营造数字经济良好发展氛围，助推数字经济快速发展。所谓生态，就是成体系，成闭环。数字经济自下而上主要包括以下层级：①数字经济相关企业，支撑数字经济发展；②数字经济园区，集聚数字经济企业；③数字经济城市，打造数字经济园区，以数字经济驱动经济发展；④数字经济省份，以政策助推企业高质量发展，以活动为企业打造发展平台，以协会凝聚企业合力发展，进而由企业支撑起数字经济发展，形成发展闭环和产业生态。上文对山东省数字经济政策、城市、企业等进行了相关介绍，下面主要介绍山东省数字经济园区建设、数字经济优秀项目大赛、山东省数字经济协会等方面的内容。

（1）数字经济园区建设

2019年9月20日，山东省大数据局、山东省财政厅发布《山东省数字经济园区（试点）建设行动方案》（鲁数字〔2019〕11号），要求分批、分类、分级推动数字经济园区（试点）建设工作，集中打造山东省数字经济产业集聚区，明确了培育市场主体、完善基础设施、提升创新能力、落地重大项目、强化人才支撑和优化发展环境6大重点任务，并对数字经济园区申报遴选和考核验收提出要求。2019年11月，公布2019年度山东省数字经济园区（试点）名单，包括济南高新区齐鲁软件园发展中心、山东省（中国广电·青岛）5G高新视频园区等6家省级示范数字经济园区（试点），青岛国际创新园、淄博新一代人工智能产业基地等13家省级成长型数字经济园区（试点），山东凤凰山电子商务产业园、山东数字经济产业园等17家省级数字经济园区名录库入库园区。

2020年4月15日，山东省大数据局发布《山东省省级数字经济园区管理办法（试行）》（鲁数字〔2020〕6号），该办法为全国首个省级数字经济园区管理办法。省级数字经济园区是指聚焦数字产业化、产业数字化方向，具备相当基础和规模，管理科学规范、创新能力突出、特色优势明显、辐射带动性强、产业链条完整，按规定程序完成认定的数字经济发展集聚区。办法明确了数字经济园区建设指标，覆盖省级园区建设前、中、后期的重要时间节点，全面指导省级园区建设。申报省级园区需有一定的发展基础，办法明确需具备4项基本条件：有完整的园区建设和发展规划，主导产业符合国家产业结构调整方向，有合理规范的管理机构和运营机制，有较完善的基础设施和公共服务支撑体系。

（2）数字经济优秀项目大赛

为深入推进数字山东建设，培育数字经济发展沃土，第一届中国·山东数字经济优秀项目（产品）大赛于2020年5月20日在济南新旧动能转换先行区正式启动。

大赛设置数字经济集聚发展、传统产业数字化转型和培育数据要素市场等3个竞赛主题。其中，数字经济集聚发展主题致力于面向数字经济园区的5G、大数据、云计算、物联网、人工智能、区块链等行业应用；传统产业数字化转型主题致力于蔬菜产销、轻工纺织、现代物流、智慧能源等一、二、三产业数字化改造提升解决方案；培育数据要素市场主题致力于公共数据的汇聚、挖掘、清洗、分析、应用解决方案或数据交易商业模式。大赛分为面向企业的产品组和面向高校的概念组两个组别，面向全国开展，致力于打造各地区、各领域优秀团队的展示交流平台，打造数字经济优秀项目产品的对接孵化平台，为数字经济发展营造良好环境，吸引来自全国各地的数字经济优秀项目、创业团队选择山东，落地山东。

（3）山东省数字经济协会

为大力发展山东省数字经济，加快推进新旧动能转换，实现高质量发展，在山东省大数据局的指导下，成立山东省数字经济协会，广泛凝聚数字经济发展合力。该协会以数字产业、数字农业、智能制造、智慧服务、培育新业态五大领域为重点，发挥会员之间及会员同政府相关部门之间的桥梁纽带作用，为行业服务，为政府服务，为会员服务，为山东省数字经济发展作出了积极贡献。

6.5 重庆：大数据智能化引领带动传统制造业转型升级

重庆市地处"一带一路"和长江经济带战略联结点，是我国内陆城市对外开放的高地，汽车、电子信息、装备制造业发展基础好，智能装备和产品制造等起步较早，是全球最大笔记本电脑生产基地、中国最大汽车生产基地。作为老工业及国家现代制造业基地，重庆市制造业基础雄厚。但近年来，在全球经济下滑和中美贸易摩擦等各种不利外部环境因素的影响下，重庆市制造业面临巨大的转型升级压力。在这一背景下，2017年11月，重庆市提出，要实施以智能化为引领的创新驱动发展战略行动计划，将数字经济发展定位成全市推动高质量发展和创造高品质生活的"牛鼻子"，要求举全市之力推动数字产业化和产业数字化协同发展。具体举措如下：

一是政策精准发力，通过配套产业政策实现数字经济全产业链覆盖、全数据链整合、全创新链联通。2015年，为促进大数据产业发展，重庆市在全国率先出台《重庆市大数据行动计划》（渝府发〔2013〕62号），积极推动大数据广泛应用，逐步完善产业布局和生态体系。2018年3月，重庆市政府印发《重庆市以大数据智能化为引领的创新驱动发展战略行动计划（2018—2020）》，提出到2020年，全市大数据智能化创新驱动引领发展作用显著提升，智能产业体系基本建成，大数据智能化应用更加广泛深入，基本建成国家重要的智能产业基地和全国一流的大数据智能化应用示范之城，打造数字经济先行示范区。与此配套，重庆市相继出台《重庆市制造业与互联网融合创新实施方案》（2016年11月）、《重庆市数字化车间和智能工厂认定管理办法（试行）》（2018年4月）、《重庆市深化"互联网+先进制造业"发展工业互联网实施方案》（2018年5月）、《关于鼓励智能终端生产企业进行智能化改造的通知》（2018年6月），实行一系列配套政策，鼓励传统工厂智能化升级，促进企业对研发和生产等环节进行智能化改造和大数据应用，加快提升重庆制造业智能化水平。

二是打造产业载体，以两江数字经济产业园为龙头打造全市数字产业化和产业数字化融合发展体系。2018年1月21日，重庆两江数字经济产业园正式开园，园区总规划面积40.8平方千米，包括照母山、水土和龙兴三大片区，分两期建设，一期规划面积20.8平方千米，二期拓展区20平方千米。产业园将按照布局集中、产业集聚、用地集约、规模适度、配套完善的原则，创新管理体制机制，重点发展数字基础型、数字应用型、数字服务型三大类产业，到2020年，该园计划数字经济类入驻企业达到3 000家以上，引进和培育数字经济行业龙头企业30家以上，地区生产总值达到500亿元。两江数字经济产业园的建设，是实施重庆市委市政府提出的以大数据智能化为引领的创新驱动发展行动计划的重要举措，对加快发展数字经济、推动大数据与实体经济的融合发展、提升互联网产业发展水平、助力重庆打造西部地区数字经济产业制高点发挥了积极带动作用。

三是创新发展模式，多措并举加速数字经济领域前沿科技势能向经济动能的高效转化。通过调研发现，重庆市各级政府积极解放思想，创新发展模式，通过推出各类创新券、打造公共服务平台等多种方式，以制度创新引领带动数字经济领域产业创新、技术创新和模式创新。重庆市推出科技创新券，即由政府向企业发放创新券，企业用创新券向研发机构购买科研服务，科研服务人员持创新券到政府财政部门兑现；重庆市还发放科技资源共享服务创新券、高新技术企业培育创新券、科技型企业挂牌成长创新券，以全面促进全市制造业企业数字化转型升级。重庆市全面强化数字经济领域公共服务平台建设，与工业和信息化部签署建设工业互联网标识解析国家顶级节点（重庆）的合作备忘录，成为工业互联网国家5大顶级节点之一；积极建设工业互联网平台，推动企业上"云上平台"；与航天云网合作建设工业大数据制造业创新中心及云制造产业基地，引入腾讯建设工业互联网智能超算中心，引入阿里云联合重庆赛迪打造飞象工业互联网平台，为中小企业提供平台应用及云服务。